Autor:

IVÁN GONZÁLEZ GARCÍA

BALONMANO ACTUAL
ANÁLISIS DEL JUEGO E INDICADORES DE RENDIMIENTO

©Copyright: Iván González García

©Copyright: De la presente Edición, Año 2019 WANCEULEN EDITORIAL

Título: BALONMANO ACTUAL. ANÁLISIS DEL JUEGO E INDICADORES DE RENDIMIENTO

Autor: IVÁN GONZÁLEZ GARCÍA

Editorial: WANCEULEN EDITORIAL
Sello Editorial: WANCEULEN EDITORIAL DEPORTIVA

ISBN (Papel): 978-84-9993-964-3
ISBN (Ebook): 978-84-9993-965-0

DEPÓSITO LEGAL: SE 18-2019

Impreso en España. 2019

WANCEULEN S.L.
C/ Cristo del Desamparo y Abandono, 56 - 41006 Sevilla
Dirección web: www.wanceuleneditorial.com y www.wanceulen.com
Email: info@wanceuleneditorial.com

Reservados todos los derechos. Queda prohibido reproducir, almacenar en sistemas de recuperación de la información y transmitir parte alguna de esta publicación, cualquiera que sea el medio empleado (electrónico, mecánico, fotocopia, impresión, grabación, etc.), sin el permiso de los titulares de los derechos de propiedad intelectual. Cualquier forma de reproducción, distribución, comunicación pública o transformación de esta obra solo puede ser realizada con la autorización de sus titulares, salvo excepción prevista por la ley. Diríjase a CEDRO (Centro Español de Derechos Reprográficos, www.cedro.org) si necesita fotocopiar o escanear algún fragmento de esta obra.

ÍNDICE

PRÓLOGO 11
BLOQUE I. ANÁLISIS DE LA ESTRUCTURA INTERNA
DEL BALONMANO.. 13
CAPÍTULO 1. Características del juego del balonmano 15
    1. Compañeros/adversarios. 18
    2. El espacio.. 22
    3. El tiempo. 26
    4. El balón... 28
    5. La portería. 30
    6. Las Reglas. 30
CAPÍTULO 2. Fases del juego del balonmano............................... 35
    1. Estructura y objetivos del juego en ataque........................ 37
    2. Estructura y objetivos del juego en defensa. 38
    3. Principios de juego del balonmano. 39
CAPÍTULO 3. Modelo para el análisis de juego del balonmano 41
    1. La unidad de competición. 41
    2. La posesión.. 43
BLOQUE II. ANÁLISIS DEL JUEGO EN EL BALONMANO ACTUAL 47
CAPÍTULO 4. Concepto y justificación del Análisis del Juego......... 49
CAPÍTULO 5. Modelos de Análisis del Juego 57
    1. Análisis cuantitativo. 58
    2. Análisis cualitativo.. 61
CAPÍTULO 6. La observación en el Análisis del Juego 67
    1. La metodología observacional. 67
    2. La observación en el análisis del balonmano. 68
    3. Estudios observacionales en balonmano. 69

BLOQUE III. ANÁLISIS DEL RENDIMIENTO DEPORTIVO EN BALONMANO 77

CAPÍTULO 7. Indicadores de rendimiento en el Análisis del Juego 79

    1. Definición de indicador de rendimiento. 79

    2. Tipos de indicadores de rendimiento. 81

    3. Análisis de la eficacia ofensiva y defensiva en balonmano. 83

CAPÍTULO 8. La influencia de los indicadores de rendimiento en el resultado de los equipos. 95

    1. Variables de acción. 99

        1.1. Acciones de lanzamiento. 99

        1.2. Acciones ofensivas. 100

        1.3. Acciones defensivas. 101

    2. Variables espaciales. 104

    3. Variables situacionales. 106

    4. Variables temporales. 108

        4.1. La eficacia ofensiva según los períodos de juego. 109

        4.2. La eficacia ofensiva según la duración de los ataques. 111

        4.3. Análisis de los tiempos muertos. 112

BLOQUE IV. ÍNDICES DE RENDIMIENTO EN EL BALONMANO 121

CAPÍTULO 9. Propuesta de índices de rendimiento para el análisis del balonmano 123

    1. Índices de rendimiento de equipo a nivel general. 124

        1.1. Índice de Eficacia Ofensivo (I.E.O.) 124

        1.2. Índice de Eficacia Defensivo (I.E.D.) 124

        1.3. Índice de Anotación Ofensivo (I.A.O.) 124

        1.4. Índice de Anotación Defensivo (I.A.D.) 125

        1.5. Índice de Producción Ofensivo (I.P.O.) 125

        1.6. Índice de Producción Defensivo (I.P.D.) 125

        1.7. Índice de Éxito en Ataques Continuos (I.E.A.C.) 125

1.8. Índice de Éxito en Defensas Continuas (I.E.D.C.) 125
1.9. Índice de Éxito Ofensivo en Ataques Interrumpidos 1 vez (I.E.A.I. 1) 126
1.10. Índice de Éxito Defensivo en Defensas Interrumpidas 1 vez (I.E.D.I. 1) 126
1.11. Índice de Éxito Ofensivo en Ataques Interrumpidos más de 1 vez (I.E.A.I. 2) 126
1.12. Índice de Éxito Defensivo en Defensas Interrumpidas más de 1 vez (I.E.D.I. 2) 127
2. Índices de rendimiento de equipo a nivel espacial. 127
   2.1. Índice de Anotación Espacial Ofensivo (I.A.E.O.) 132
   2.2. Índice de Anotación Espacial Defensivo (I.A.E.D.) 132
   2.3. Índice de Finalización Espacial Ofensivo (I.F.E.O.) 132
   2.4. Índice de Finalización Espacial Defensivo (I.F.E.D.) .. 133
   2.5. Índice de Lateralidad Ofensivo (I.L.O.) 133
   2.6. Índice de Lateralidad Defensivo (I.L.D.) 134
   2.7. Índice de Profundidad Ofensivo (I.P.O.) 135
   2.8. Índice de Profundidad Defensivo (I.P.D.) 135
3. Índices de rendimiento de equipo a nivel situacional. 136
   3.1. Índice de Eficacia Ofensivo en Igualdad (I.E.O.IG.) ... 137
   3.2. Índice de Eficacia Ofensivo en Superioridad (I.E.O.SUP.) 137
   3.3. Índice de Eficacia Ofensivo en Inferioridad (I.E.O.IN.) 138
   3.4. Índice de Eficacia Ofensivo en Igualdad 5x5 (I.E.O.IG. 5x5) 138
   3.5. Índice de Eficacia Ofensivo en Doble Superioridad (I.E.O.D.SUP.) 138
   3.6. Índice de Eficacia Ofensivo en Doble Inferioridad (I.E.O.D.IN.) 138
   3.7. Índice de Eficacia Ofensivo en Aviso de Juego Pasivo (I.E.O.A.J.P.) 138

3.8. Índice de Eficacia Defensivo en Igualdad (I.E.D.IG.).. 139
3.9. Índice de Eficacia Defensivo en Superioridad (I.E.D.SUP.) 139
3.10. Índice de Eficacia Defensivo en Inferioridad (I.E.D.IN.) 139
3.11. Índice de Eficacia Defensivo en Igualdad 5x5 (I.E.D.IG. 5x5) 139
3.12. Índice de Eficacia Defensivo en Doble Superioridad (I.E.O.D.SUP.) 139
3.13. Índice de Eficacia Defensivo en Doble Inferioridad (I.E.D.D.IN.) 140
3.14. Índice de Eficacia Defensivo en Aviso de Juego Pasivo (I.E.D.A.J.P.) 140
3.15. Índice de Posesión de Balón en Igualdad (I.P.B.IG.) 140
3.16. Índice de Posesión de Balón en Superioridad (I.P.B.SUP.) 140
3.17. Índice de Posesión de Balón en Inferioridad (I.P.B.IN.) 140
3.18. Índice de Posesión de Balón en Igualdad 5x5 (I.P.B.IG. 5x5) 141
3.19. Índice de Posesión de Balón en Doble Superioridad (I.P.B.D.SUP.) 141
3.20. Índice de Posesión de Balón en Doble Inferioridad (I.P.B.D.IN.) 141
3.21. Índice de Posesión de Balón en Aviso de Juego Pasivo (I.P.B.A.J.P.) 141
3.22. Índice de Desposesión de Balón en Igualdad (I.D.B.IG.) 141
3.23. Índice de Desposesión de Balón en Superioridad (I.D.B.SUP.) 142

3.24. Índice de Desposesión de Balón en Inferioridad (I.D.B.IN.) 142

3.25. Índice de Desposesión de Balón en Igualdad 5x5 (I.D.B.IG. 5x5) 142

3.26. Índice de Desposesión de Balón en Doble Superioridad (I.D.B.D.SUP.) 142

3.27. Índice de Desposesión de Balón en Doble Inferioridad (I.D.B.D.IN.) 142

3.28. Índice de Desposesión de Balón en Aviso de Juego Pasivo (I.D.B.A.J.P.) 143

4. Índices de rendimiento de equipo a nivel temporal. 143

    4.1. Índice de Posesión del Balón (I.P.B.) 143

    4.2. Índice de Desposesión del Balón (I.D.B.) 143

    4.3. Índice de Eficacia de Ataques Rápidos (I.E.A.R.) 144

    4.4. Índice de Eficacia de Ataques Cortos (I.E.A.C.) 144

    4.5. Índice de Eficacia de Ataques Medios (I.E.A.M.) 144

    4.6. Índice de Eficacia de Ataques Largos (I.E.A.L.) 144

    4.7. Índice de Eficacia de Defensas Rápidas (I.E.D.R.) 145

    4.8. Índice de Eficacia de Defensas Cortas (I.E.D.C.) 145

    4.9. Índice de Eficacia de Defensas Medias (I.E.D.M.) 145

    4.10. Índice de Eficacia de Defensas Largas (I.E.D.L.) 145

5. Índices de rendimiento individual. 146

    5.1. Índice de Finalización Espacial Ofensivo Individual (I.F.E.O.I.) 146

    5.2. Índice de Participación Ofensiva Individual (I.P.O.I.) 146

    5.3. Índice de Participación Defensiva Individual (I.P.D.I.) 147

    5.4. Índice de Participación Total Individual (I.P.T.I.) 147

    5.5. Índice de Valoración Ofensivo Individual (I.V.O.I.) ... 147

    5.6. Índice de Valoración Defensivo Individual (I.V.D.I.) . 148

    5.7. Índice de Valoración Total Individual (I.V.T.I.) 148

CAPÍTULO 10. Análisis de las variables de rendimiento individuales 155
    1. Análisis de las acciones ofensivas por jugador. 155
        1.1. Análisis de las Zonas de Lanzamiento 156
        1.2. Análisis de la Localización del Lanzamiento 158
        1.3. Análisis de las Acciones Individuales Ofensivas 162
    2. Análisis de las acciones defensivas por jugador. 164
        2.1. Análisis de las Acciones Individuales Defensivas 164
    3. Análisis de las acciones del portero. 166
        3.1. Análisis de las Zonas desde dónde se ejecutan los Lanzamientos 166
        3.2. Análisis de las Zonas de la Portería dónde se dirige el Lanzamiento 169

BLOQUE V. APLICACIÓN DEL ANÁLISIS E ÍNDICES DE RENDIMIENTO A UN PARTIDO DE BALONMANO 173

CAPÍTULO 11. Aplicación de los índices de rendimiento colectivo e individual 175
    1. Índices de rendimiento a nivel general. 175
    2. Índices de rendimiento a nivel espacial. 177
    3. Índices de rendimiento a nivel situacional. 180
    4. Índices de rendimiento a nivel temporal. 182
    5. Índices de rendimiento individual. 184

CAPÍTULO 12. Aplicación de las variables de rendimiento individuales 187
    1. Análisis del comportamiento colectivo en fase ofensiva y defensiva en función de las variables de acción. 189
    2. Análisis del comportamiento individual en fase ofensiva y defensiva en función de las variables de acción. 192
    3. Análisis del comportamiento colectivo en fase ofensiva y defensiva en función de las variables de situacionales y temporales. 199

PRÓLOGO

Este texto está destinado a todos aquellos interesados en los deportes colectivos, y en concreto en el balonmano. Dirigido a todos los profesionales del sector deportivo, de las ciencias del deporte, del rendimiento deportivo, del entrenamiento físico y de la educación física. El objetivo principal del libro es profundizar en el análisis del juego del balonmano y ofrecer herramientas para el estudio del rendimiento de este deporte.

El documento está diseñado para ser una guía útil para entrenadores, técnicos, jugadores y amantes del balonmano. Los contenidos servirán para poner en práctica un análisis pormenorizado de todas las situaciones y acciones de juego durante un partido.

El libro se organiza en cinco bloques principales vertebrados por un total de doce capítulos. En el primer bloque de contenidos se realiza un análisis de la estructura interna del balonmano, desde su aspecto tanto estructural como funcional. Se definen cada uno de los componentes que forman la lógica interna de este deporte colectivo.

En el segundo bloque de contenidos se realiza un análisis exhaustivo del juego en función de los elementos y acciones que participan en el rendimiento de un equipo. El análisis del juego permite tener una visión profunda de aquellas situaciones que pueden modificar el desempeño y la obtención de mejores resultados. Se lleva a cabo un análisis profundo del juego tanto de una forma cuantitativa como cualitativa.

En el tercer bloque se analizan los indicadores de rendimiento que influyen en la eficacia ofensiva y defensiva de un equipo de balonmano. Todo el análisis está sustentado en evidencias científicas que fundamentan el detallado y amplio estudio de estas variables de juego.

En el cuarto bloque de contenidos se propone una serie de índices de rendimiento que analizan y definen las características de juego de un equipo. Los índices de rendimiento estudian las acciones de un equipo a nivel general, espacial, situacional y temporal. Conociendo los índices de rendimiento de nuestro equipo y los del equipo adversario sabremos los puntos fuertes y débiles de cada uno.

En el quinto bloque se aplican todos los índices de rendimiento expuestos en el bloque anterior a un partido de balonmano de alto nivel. Se analiza el comportamiento colectivo e individual de un equipo de balonmano en la fase ofensiva y en la fase defensiva del juego.

BLOQUE I
ANÁLISIS DE LA ESTRUCTURA INTERNA DEL BALONMANO

CAPÍTULO 1.
Características del juego del balonmano

Desde el punto de vista de la praxiología motriz[1], el balonmano pertenece a la categoría de deportes sociomotrices enmarcados en espacios estandarizados, sin incertidumbre en el medio, la cual es desarrollada a partir de la forma en que se hace uso del espacio por los participantes y la intervención o participación sobre el móvil (Hernández-Moreno y Rodríguez, 2004).

Hernández-Melián (1998, p.20), define el balonmano como «un deporte sociomotriz de cooperación-oposición, desarrollado en un espacio estandarizado y de utilización común por los participantes, los cuales intervienen simultáneamente sobre el móvil y cuyo objetivo es introducir el balón en la portería contraria, utilizando para ello los medios permitidos por el reglamento». El balonmano se acoge a la denominación de deporte de cooperación-oposición (Hernández-Moreno, 1994) ó deporte de equipo (Sampedro, 1999), y en el que la incertidumbre puede ser debida a los compañeros y a los adversarios, permaneciendo el espacio de juego estable.

Según López-León (1997), el balonmano es un juego deportivo en el que se manifiestan un conjunto de situaciones motrices en forma de competición ó de autosuperación, resultantes de un proceso de interacción grupal entre compañeros (cooperación) y adversarios (oposición), donde se maneja un móvil (balón) y que se lucha por conquistar un espacio libre (invasión), con un componente lúdico muy fuerte, realizándose éstas acciones en un contexto establecido y definido por su estructura funcional y dirigidos por la lógica interna del propio juego del balonmano.

Los deportes de equipo de espacio común y participación simultánea como el balonmano, se encuentran definidos por una

---

[1] La praxiología motriz centra su preocupación disciplinar en el estudio científico de las acciones motrices (Lagardera, 1996).

lógica interna[2], derivada de la interpretación que cada uno de los jugadores realiza de las distintas situaciones de juego a las que se enfrenta durante un encuentro. Esta lógica interna es de carácter sistémico[3] en tanto que es la resultante de las interacciones que se establecen entre los distintos elementos estructurales que configuran el marco de referencia para la acción de juego en balonmano (Lagardera, 1996).

La definición de la lógica interna de los deportes de equipo, desde el punto de vista funcional, es el relativo a la vinculación que puede existir entre dos o más de estos elementos y que dan a la lógica interna, su carácter sistémico. Así, la perspectiva teórica estructural-funcional de análisis de los deportes de cooperación-oposición, se manifiesta de forma que ayuda a comprender la relación existente entre los juegos deportivos, sus diferencias, sus relaciones, sus principios estratégicos, el funcionamiento de los roles y las acciones consecuentes (Navarro y Jiménez, 1998).

La lógica interna de los deportes de equipo puede ser definida por su estructura y por su función (véase Figura 1.1). En los deportes de cooperación-oposición la configuración de la estructura viene determinado por: *Jugador, Adversario, Compañeros, Adversarios, Espacio, Tiempo, Móvil, Meta* y *Reglas* (Lago, 2000). La interrelación de estos elementos conforma el contexto o el escenario donde se desarrolla la acción de juego. Esta acción de juego se lleva a cabo bajo unas determinadas constantes funcionales: asumiendo unos determinados *roles estratégicos* y planteándose en ellos unas intenciones de juego que son llevadas a cabo con una determinada gestualidad o técnica.

---

[2] Por lógica interna de un juego deportivo entendemos el sistema de los rasgos pertinentes de esta situación ludomotriz y el cortejo de consecuencias práxicas que ese sistema entraña. Estos rasgos se consideran pertinentes porque se apoyan sobre los elementos distintivos de la acción motriz: relación con el espacio, relación con los otros participantes, imperativos temporales, modos de resolución de las tareas y modalidades de fracaso o de éxito (Parlebas, 1988).

[3] Una concepción sistémica implica aceptar que la realidad estudiada es una estructura dinámica, es decir, que es posible deducir en esa gama de relaciones toda una determinada estructura, no un mero agregado de las partes, sino un todo interactivo en donde sus componentes se hallan ordenados y concertados de una determinada forma (Lagardera, 1996).

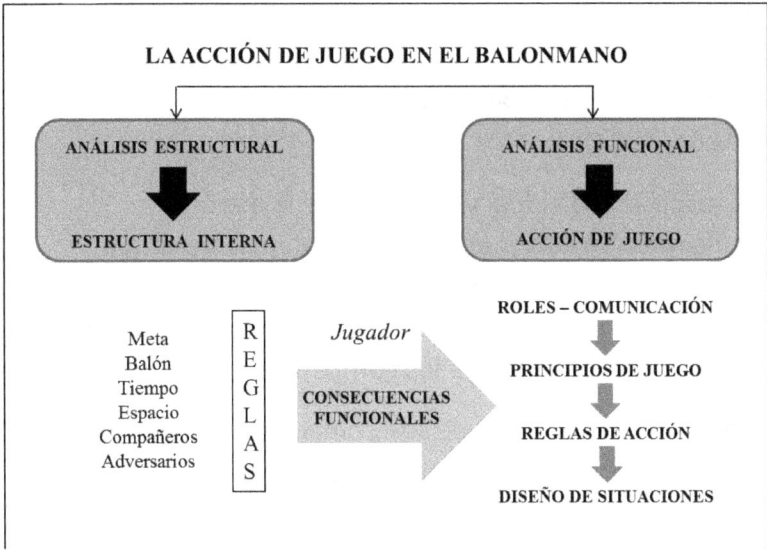

Figura 1.1. *La acción de juego en los deportes de equipo de espacio común y participación simultánea (modificado de Navarro y Jiménez, 1998).*

El elemento *reglas*, que en su versión institucionalizada se concreta en el reglamento, constituye un código estructural, ya que es un parámetro que establece las relaciones entre los elementos y define el límite de las acciones. Las reglas contienen las relaciones y/o límites de los distintos elementos que posee el juego en cuestión. Pertenecen a la naturaleza de la cultura, y son de otra esfera sistemáticamente más excéntrica que los elementos sistémicos constitutivos de los juegos deportivos de cooperación-oposición (Navarro y Jiménez, 1998).

Para Hernández Moreno (1998), la estructura en los deportes de cooperación-oposición viene determinada por el *reglamento*, la *técnica*, el *espacio*, el *tiempo*, la *comunicación* y la *estrategia*.

Parlebas (2001, p.463), para el análisis de la acción de juego de los deportes sociomotrices de colaboración con oposición, plantea el modelo de los *"Universales ludomotores"*, definidos como los «modelos operativos que representan las estructuras básicas del funcionamiento de todo juego deportivo y que contienen su lógica interna».

En el balonmano, la lógica interna sirve de base para dar finalidad y significación a las situaciones y conductas individuales que se desarrollan en las prácticas, atendiendo a los puntos siguientes (López-León, 1997):

- espacio individual y colectivo de la acción
- la relación con el adversario (distancia de carga)
- violencia de la contra-comunicación (choque, contacto)
- relación con el balón (adaptación y dominio del balón)
- intencionalidades de los compañeros y de los adversarios

Según la clasificación de los componentes estructurales de los deportes de colaboración y oposición (Lago, 2000), a continuación, se definen los elementos estructurales que conforman el balonmano.

1. COMPAÑEROS/ADVERSARIOS.

El balonmano es un deporte sociomotriz de cooperación y oposición en el que dos equipos se enfrentan entre sí de manera que los componentes de cada uno de los equipos colaboran entre sí (compañeros) para tratar de oponerse a los componentes del otro equipo (adversarios) que a su vez colaboran entre sí (Hernández-Moreno, 1998). Se pueden diferenciar varias formas de comunicación entre los participantes: la cooperación entre los integrantes del mismo equipo, es decir, entre los compañeros (comunicación motriz); y la oposición o forma de comunicación que se establece entre los miembros de los equipos en confrontación (contra-comunicación motriz). La presencia de compañeros y adversarios, desde un punto de vista funcional, supone el elemento estructural más importante por su capacidad decisoria y se centra en cuatro aspectos: el número de participantes por equipo, las condiciones de roles especiales y/o estratégicos, las condiciones y límites de las acciones y el código de conducta de los jugadores (Navarro y Jiménez, 1998, 1999).

En el balonmano, los equipos se componen de un máximo de 14 jugadores. Por tanto, dichos jugadores, inscritos en el acta previamente, pueden participar en el partido según lo disponga el entrenador y ser permutados libremente y cuantas veces se quiera, siempre que estén en disposición reglamentaria de hacerlo. Según las Reglas de Juego (2016), «no más de 7 jugadores pueden estar presentes en el terreno de juego al mismo tiempo. El resto de los jugadores son reservas»[4]. El número de jugadores en pista puede variar en función de las sanciones disciplinarias que aplique el árbitro según el reglamento y es usual observar situaciones en las que un equipo está en inferioridad numérica (Antúnez, 2003; Montoya, 2010).

La utilización de diversas acciones motrices en el desarrollo del juego viene acompañado por la adopción de distintos roles sociomotores[5] por parte de los jugadores. El rol va asociado a las acciones motrices, y no depende de los individuos. Por tanto, un jugador puede desempeñar varios roles, así como un rol puede ser desarrollado por distintos jugadores. Los roles que puede desempeñar un jugador son (Espar, 2001; Hernández-Moreno, 1994):

- En ataque:
    - Atacante con balón.
    - Atacante sin balón.

- En defensa:
    - Defensor del atacante con balón.
    - Defensor del atacante sin balón.
    - Portero.

El rol sociomotor viene influenciado por el reglamento, que va a marcar la relación distinta de un rol respecto a los otros, debiendo existir diferencias marcadas por el propio reglamento. Para definir las características de un rol es necesario considerar los siguientes tres sectores fundamentales (Lasierra, 1993):

1. Las relaciones con los demás.
2. Las relaciones con el espacio.
3. Las relaciones con el móvil.

---

[4] Regla 4:1 de las Reglas de Juego de Balonmano (2016).
[5] Parlebas (2001), entiende por rol sociomotor a un conjunto de comportamientos motores que un juego deportivoestán asociados a un estatus sociomotor concreto. Todo rol debe estar ligado a un solo estatus que codifica la puesta en acción.

En la Tabla 1.1 se reflejan los sectores de acción de los distintos roles estratégicos, realizado por Gutiérrez (2006), y adaptado de Lasierra (1993) y Lloret (1998).

Tabla 1.1. *Descripción de los sectores de acción para cada rol en balonmano (modificado de Gutiérrez, 2006).*

SECTOR DE ACCIÓN	ROL	ATACANTE CON BALÓN	ATACANTE SIN BALÓN	DEFENSOR DEL ATACANTE SIN BALÓN	DEFENSOR DEL ATACANTE CON BALÓN	PORTERO
INTERACCIÓN MOTRIZ CON LOS DEMÁS		Busca la colaboración con sus compañeros sin balón cuando agota sus posibilidades: PASE. Protección de sus adversarios: EVITACIÓN, DESMARQUE CON BALÓN. Situación de enfrentamiento con el portero: LANZAMIENTO.	Colaboración con el compañero portador de balón: AMPLIA_CIÓN Y OCUPACIÓN DE ESPACIO. Evitación de sus oponentes: DESMARQUE CON BALÓN.	Colaboración entre jugadores del mismo equipo: RESPONSABI-LIDAD MARCAJE, DOBLAJE, COLAB. CON EL PORTERO. Oposición hacia los jugadores del equipo contrario: DISUADIR, INTERCEPTAR, CONTROLA, ACOMETER, DESPOSEER, BLOCAR.	Colaboración entre jugadores del mismo equipo: RESPONSABILI-DAD MARCAJE, DOBLAJE, COLAB. CON EL PORTERO. Oposición hacia los jugadores del equipo contrario: DISUADIR, INTERCEPTAR, CONTROLAR, ACOMETER, DESPOSEER, BLOCAR.	Colabora-ción con sus compañe-ros: CUBRIR ÁNGULOS DE TIRO. Oposición directa con el jugador que lanza a portería: PARADA.
RELACIÓN CON EL ESPACIO		Utilización del espacio de juego de forma libre, excepto del área de portería, que sólo puede ocuparla aéreamente sin pisarla.	Ídem que jugador con balón a excepción del lanzamiento de 7 m., saque de banda.	Ídem que jugador sin balón del equipo que lo posee a excepción de saque en contra (distancia 3 m.).	Ídem que jugador sin balón del equipo que no lo posee. Condicionado por el sistema de juego.	Utilización libre de su área de portería. Posibilidad de salir pero cambiando de rol.

SECTOR DE ACCIÓN	ROL	ATACANTE CON BALÓN	ATACANTE SIN BALÓN	DEFENSOR DEL ATACANTE SIN BALÓN	DEFENSOR DEL ATACANTE CON BALÓN	PORTERO
RELACIÓN CON EL MÓVIL		Se le permite golpear la pelota de forma unitaria o continuada: BOTE. Hacer tres pasos con pelota adaptada, desprenderse de ésta mediante pase o lanzamiento, siempre utilizando cualquier parte del cuerpo de rodillas hacia arriba.	___	___	___	Se le permite: golpear y coger el balón con cualquier parte del cuerpo, así como desplazarse libremente con ella siempre que sea en actitud defensiva y dentro de su propia área de portería.

Gutiérrez (2006), adaptando el trabajo de Lasierra (1993), propone el siguiente cambio de roles reflejados en la Figura 2.1.

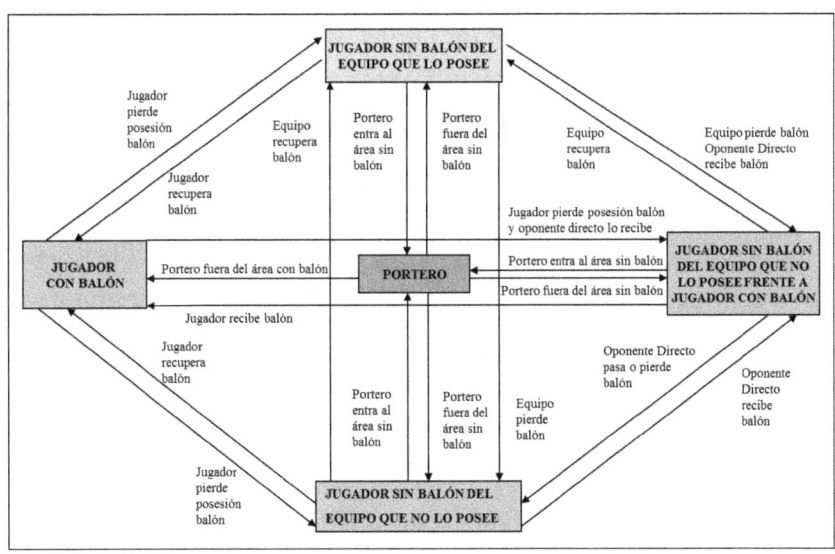

Figura 2.1. *Cambio de roles en balonmano (modificado de Gutiérrez, 2006).*

2. EL ESPACIO.

El balonmano se desarrolla en un espacio estandarizado y sociomotor (interacción entre compañeros y adversarios), donde los participantes intervienen simultáneamente sobre el móvil, con el objetivo de introducir el balón en la portería contraria utilizando los medios permitidos por el reglamento (Hernández-Melián, 1998).

Para Hernández-Moreno (2000), el espacio de acción de juego es fundamental, además de como espacio físico, como espacio de interacción entre participantes que se oponen cooperando, dentro de una dimensión sociomotora. Las subdivisiones del espacio y las condiciones de su uso son un aspecto clave para el estudio y análisis del desarrollo de la acción de juego.

El balonmano es un deporte donde la confrontación entre los dos equipos se celebra en un espacio común de juego rectangular estable, cuyas medidas y señalizaciones están claramente fijadas. La participación simultánea en el mismo terreno de juego de compañeros y adversarios hace complejas las maniobras de los jugadores en este espacio sociomotor, produciéndose una situación de conflicto entre ambos equipos. La disputa tiene lugar en la ocupación de los espacios y la posesión del móvil desde un punto de vista colectivo e individual, precisándose de una cooperación entre compañeros y una oposición a los adversarios de modo previsto e imprevisto (Martín y Lago, 2005).

Aspectos significativos en cuanto al espacio son: su utilización para adquirir ó evitar profundidad (juego a lo largo orientado a portería), verticalidad (centrado ó descentrado respecto a la portería), amplitud (juego en anchura, mismo lado u opuesto), la concentración (juego en el espacio próximo), la dispersión (juego en el espacio lejano), la alternancia (cerca o lejos) y el uso del espacio en función de la posesión o no del móvil, por parte de un equipo (ampliación y reducción de espacios) (Navarro y Jiménez, 1998, 1999).

El espacio de juego en balonmano se especifica según los Reglamentos de la Federación Internacional de Balonmano (I.H.F.) y las Reglas Oficiales de Juego en vigor, publicados oficialmente por la Real Federación Española de Balonmano (R.F.E.BM.): «el *terreno de juego* es un rectángulo de 40 metros de largo y 20 metros de ancho, que consta de dos áreas de juego. Las líneas más largas se llaman líneas de banda y las más cortas líneas de gol (entre los postes de la portería) o línea exterior de portería (a ambos lados de la portería)»[6] (véase Figura 3.1).

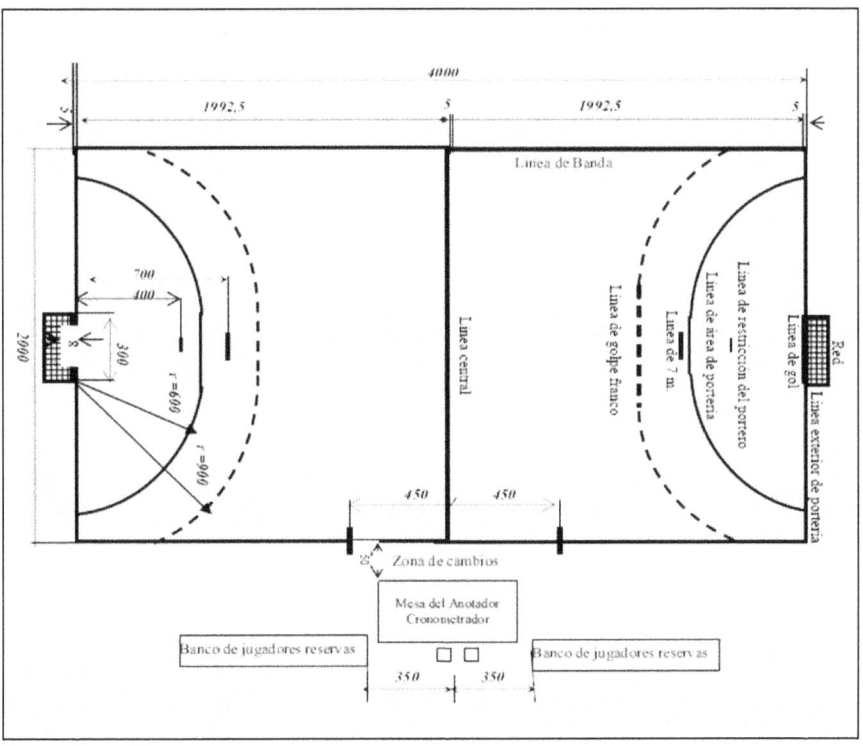

Figura 3.1. *Terreno de juego: líneas y dimensiones (tomado de Reglas de Juego, 2016).*

El espacio está dividido por líneas que establecen diversos subespacios, que determinan la lógica interna del balonmano al condicionar y limitar las posibilidades de actuación de cada jugador. Todas las líneas del terreno forman parte de la superficie que encierran. Las líneas de gol medirán 8 cm de ancho entre los postes de la portería mientras que las otras líneas serán de 5 cm de ancho[7]. Así se pueden encontrar dentro del terreno de juego:

a) Área de portería: delimitada por una línea continúa trazada a 6 metros de la portería, denominada «línea de portería».

---

[6] Regla 1:1 de las Reglas de Juego de Balonmano (2016).
[7] Regla 1:3 de las Reglas de Juego de Balonmano (2016).

b) Línea de golpe franco: es una línea discontinua trazada a 9 metros de la portería, y a 3 metros de la línea del área de portería.

c) Línea de 7 metros: es una línea de 1 metro de ancho situada a 7 metros de la portería.

d) Línea de restricción del portero (línea de 4 metros): es una línea de 15 cm de longitud y trazada de forma paralela a la línea de gol y a una distancia de 4 metros de ella.

e) Línea central: divide el terreno en dos mitades iguales y se une en cada extremo con las líneas de banda.

f) Línea de cambios: se trata de un segmento de la línea de banda. Determina el lugar por el que los jugadores deben entrar y salir del campo cuando se realiza un cambio.

El reglamento del balonmano propone distintas posibilidades de uso del espacio de juego en función de su desarrollo.

Lloret (1998), a partir de los trabajos de Bayer (1992) y Hernández-Moreno (1994), plantea tres zonas de juego para el waterpolo:

- Espacio Fijo Prohibido (EFP).
- Zona de Alto Riesgo (ZAR).
- Espacio Prohibido de forma Variable (EPV).

Gutiérrez (2006) adaptó esta clasificación al balonmano identificando las zonas descritas anteriormente de la siguiente forma:

- EFP:

    Constituido por las áreas de portería, donde sólo puede actuar el portero correspondiente, estando prohibida su utilización para cualquier jugador de campo (Figura 4.1).

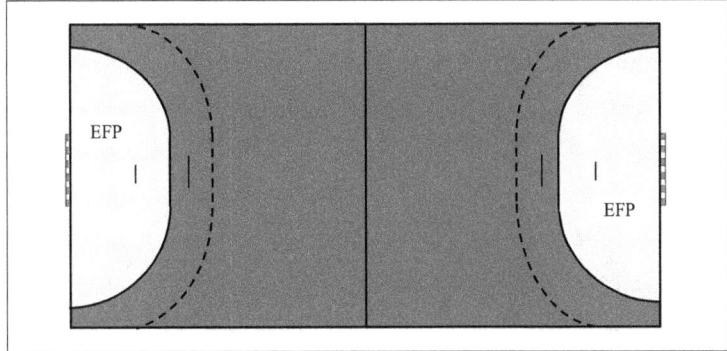

Figura 4.1. *Espacio Fijo Prohibido en balonmano (modificado de Gutiérrez, 2006).*

- ZAR:

    Constituyen los espacios de máximo peligro para la obtención del tanto. En función de la calidad de los equipos y del potencial de lanzamiento, la ZAR tendrá mayor o menor profundidad, así como mayor o menor anchura (Figura 5.1).

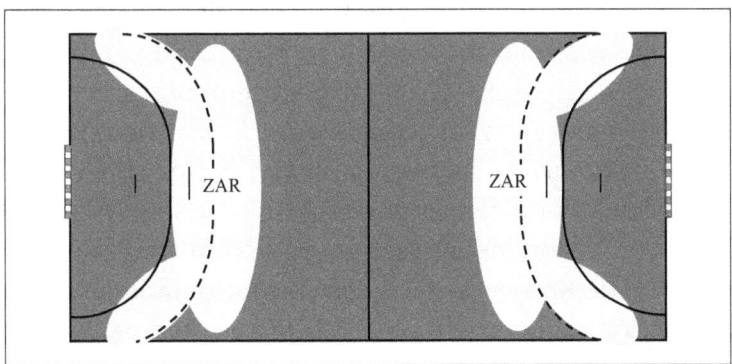

Figura 5.1. *Zona de Alto Riesgo en balonmano (modificado de Gutiérrez, 2006).*

- EPV:

    Son zonas cuyo uso está limitado por el reglamento en función de las situaciones. En el balonmano, son las zonas de golpe franco, ya que en el momento de ejecutar un saque de golpe franco no puede estar situado dentro de ellas ningún jugador atacante (Figura 6.1)

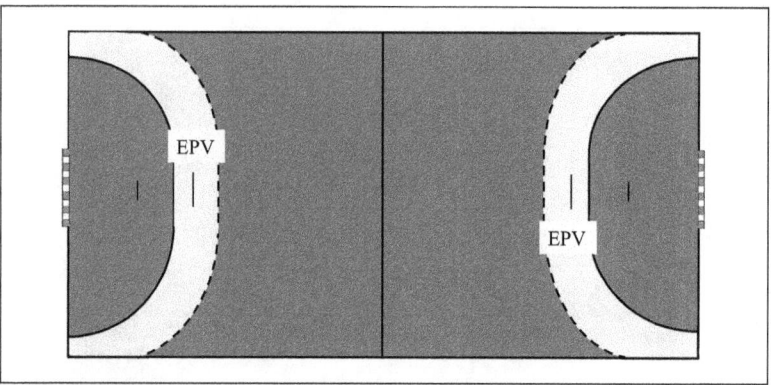

Figura 6.1. *Espacio Prohibido de forma Variable en balonmano (modificado de Gutiérrez, 2006).*

3. EL TIEMPO.

El tiempo es un parámetro o elemento estructural de los deportes de equipo (Lasierra, 1993) y se define por los límites que impone en el desarrollo del juego y en las acciones que realizan los jugadores y los equipos. Estas limitaciones temporales serán objetivas cuando hacen referencia a: *duración del juego* (tiempo de juego), *acciones de juego* (aviso de juego pasivo), *puestas en juego y pausas* (final del primer tiempo, tiempos muertos); y subjetivas cuando el jugador decide acerca de su tiempo de acción (Navarro y Jiménez, 1998, 1999). El tiempo y el espacio son conceptos íntimamente unidos, pues toda acción de juego se realiza siempre en un espacio y un tiempo determinados, siendo necesariamente la dimensión espacio/tiempo, un condicionante del dónde y cuándo tiene lugar el desarrollo de la acción.

Para Hernández-Moreno (2000), el tiempo condiciona en todo momento la configuración y desarrollo del juego, estableciéndose una dinámica con cambios de ritmos constantes y un permanente ajuste espacio-temporal por parte de los participantes. Así mismo, establece dos tratamientos diferentes en el estudio del tiempo:

- *Tiempo externo:* relacionado con la adaptación por parte del jugador al tiempo reglamentario, determinado de forma externa y en función del código de juego.

- *Tiempo interno:* relacionado con la utilización y la adaptación del tiempo a las posibilidades e intenciones que un jugador desarrolla en las situaciones de competición. Es un concepto relacionado con el tiempo personal, en estrecha vinculación con el ritmo de juego y variable en función de la decisión individual del jugador o colectiva del equipo.

En cuanto a la delimitación de las reglas de carácter temporal pueden definirse, según Navarro y Jiménez (1998,1999), de manera objetiva o subjetiva. Las reglas subjetivas precisan del uso de criterios para ser interpretadas y aplicadas por los árbitros con el fin de conseguir la objetividad en la aplicación de la regla. Las reglas temporales objetivas definidas de manera cualitativa (juego pasivo), encierran un alto grado de indefinición y subjetividad.

Según las Reglas de Juego (2016), establece el tiempo de juego normal para los equipos con jugadores a partir de 16 años en dos tiempos de 30 minutos, con descanso de 10 minutos entre cada tiempo. Si se tiene que determinar un ganador, en caso de empate al final del tiempo de juego normal, se juega una prórroga de dos tiempos de 5 minutos con un minuto de descanso entre ambos. Si el partido continúa empatado después del primer período de prórroga, se juega un segundo período de prórroga de dos tiempos de 5 minutos con un minuto de descanso. Si el partido continúa empatado, el ganador se determinará de acuerdo, a las reglas particulares de esa competición, como la utilización de lanzamientos de 7 metros.[8]

---

[8] Regla 2:2 de las Reglas de Juego de Balonmano (2016).

4. EL BALÓN.

El balón es el vehículo para alcanzar la meta del juego, y representa el medio para una parte de la comunicación motriz entre los participantes. Es el elemento de puntuación para ganar o perder un partido y se consigue cuando el balón traspasa completamente la línea de portería. El comportamiento estratégico del jugador dependerá siempre de la situación en la que se encuentra éste y su equipo en relación con el balón (Navarro y Jiménez, 1998, 1999).

El balón concentra la atención del jugador y del equipo de tal forma que toda la ocupación del espacio se estructura a partir del mismo: el jugador percibe el espacio y juega respecto a los adversarios y sus compañeros en función de la posesión o no del balón. Buscando el rendimiento, atacar implica: la conservación del balón, su progresión y la de los jugadores hacia la zona de puntuación contraria y la consecución de la puntuación; y defender supondrá: la recuperación del balón, el impedimento en la progresión de los jugadores contrarios y del balón hacia la propia zona de puntuación y la protección de ésta para que no anote el equipo contrario (Bayer, 1992).

En el balonmano, el balón está fabricado de piel o material sintético y debe ser esférico. Su superficie no debe ser brillante o resbaladiza. El tamaño del balón, la circunferencia y el peso, varían según las diferentes categorías de los equipos.[9] Además de sus dimensiones, el reglamento establece cómo puede jugarse el balón,[10] permitiéndose a este respecto:

- Lanzar, coger, parar, empujar y golpear el balón utilizando las manos (abiertas o cerradas), brazos, cabeza, tronco, muslos y rodillas.

- Retener el balón durante un máximo de tres segundos, también cuando se encuentra parado en el suelo.

- Dar un máximo de tres pasos con el balón.

---

[9] Regla 3:2 de las Reglas de Juego de Balonmano (2016).
[10] Regla 7 de las Reglas de Juego de Balonmano (2016).

- Botar el balón una vez y cogerlo de nuevo con una o ambas manos, botar el balón repetidamente con una mano y luego recogerlo de nuevo con una o ambas manos, rodar el balón sobre el suelo de forma continuada con una mano, y luego recogerlo de nuevo con una o ambas manos.
- Pasar el balón de una mano a otra sin perder el contacto con él.
- Jugar el balón cuando se está de rodillas, sentado o tumbado en el suelo.

No está permitido:

- Después de que el balón haya sido controlado, tocarlo más de una vez sin que haya tocado mientras tanto el suelo, a otro jugador o la portería.
- Tocar el balón con un pie o pierna por debajo de las rodillas.
- Que un jugador en posesión del balón salga del terreno de juego con uno o ambos pies (estando el balón todavía en el terreno de juego), por ejemplo, para evitar la acción de un defensor.
- Conservar el balón en posesión del equipo sin hacer ningún intento reconocible de atacar o de lanzar a portería.

En el reglamento se establece también cómo puede un jugador defensor recuperar el balón[11]. Se le permite para ello:

- Utilizar una mano abierta para quitar el balón de la mano de otro jugador.
- Utilizar los brazos flexionados para tomar contacto corporal con un contrario, y de esta forma controlarle y seguirle.
- Utilizar el tronco para bloquear al contrario, en la lucha por una posición.

---

[11] Regla 8 de las Reglas de Juego de balonmano (2016).

Por el contrario, no está permitido.

- Tirar del balón o golpearlo cuando el contrario lo tiene en sus manos.

- Bloquear, agarrar o arrollar al contrario con los brazos, las manos, las piernas o usar cualquier parte del cuerpo para desplazarle o empujarle.

5. LA PORTERÍA.

La portería como un elemento estructural va a condicionar la organización estratégica tanto del ataque como de la defensa. Las actuaciones individuales, los procedimientos tácticos colectivos ofensivos y defensivos, el ritmo de juego..., estarán encaminados hacia la obtención del gol y la defensa de la portería.

Es el espacio en el que se fundamenta la finalidad del juego y se contabilizan los aciertos de los equipos. Está situada en el centro de cada línea exterior de portería y debe estar firmemente fijada al suelo. Las medidas interiores serán de 2 metros de alto y 3 metros de ancho. Entre los dos postes de la portería se sitúa la línea de gol, línea que el balón ha de traspasar en su totalidad para que, el tanto, suba al marcador. La portería está defendida por un portero, que tiene libertad de movimientos dentro del área de portería.

6. LAS REGLAS.

Las reglas constituyen el marco de referencia que fija las condiciones a partir de las cuales se configuran los deportes (Hernández-Moreno, 1998). Es uno de los factores que definen las actividades, configurando la lógica interna de éstas, y como consecuencia la forma de desarrollo de la acción de juego (Hernández-Melián, 1998).

Las reglas examinan todas las posibilidades del juego proponiendo autorizaciones y prohibiciones. El jugador y el equipo están sometidos a una legislación precisa que condiciona su motricidad limitándola, originando con ello una motricidad especializada, propia de cada juego. Para Hernández-Moreno (1994), el reglamento deportivo representa un conjunto o sistema de reglas y normas con una lógica intrínseca que marca los requisitos necesarios para el desarrollo de la acción de juego. La estructura del reglamento de los deportes de equipo puede dividirse en dos bloques:

- Bloque I. Aspectos formales:
    - Características y dimensiones del terreno de juego.
    - Descripción del móvil o balón y materiales complementarios que se usan en el juego.
    - Número de jugadores que participan en el juego y forma en que estos pueden participar.
    - Forma de puntuar y cómo ganar o perder.
    - Tiempo total de juego y división y control del mismo.
    - Ritos y protocolos.
- Bloque II. Desarrollo de la acción de juego:
    - Formas de jugar el balón o móvil.
    - Formas de participación de cada jugador y relación con sus compañeros.
    - Formas de relacionarse con los adversarios.
    - Formas de utilizar el espacio de juego.
    - Penalizaciones a las infracciones de las reglas.
    - Formas de intervención de los jugadores en el juego.
    - División y control del tiempo.
    - Valor de los tantos y como ganar y perder.

REFERENCIAS

Antúnez, A. (2003). *La interceptación en la portera de balonmano: Efectos de un programa de entrenamiento perceptivo-motriz.* Tesis doctoral, Facultad de Psicología, Universidad de Murcia, Murcia.

Bayer, C. (1992). *La enseñanza de los juegos deportivos colectivos* (2ª ed.). Barcelona: Hispano Europea, S.A.

Espar, X. (2001). *Balonmano*. Barcelona: Martínez Roca.

Gutiérrez, O. (2006). *Valoración del rendimiento táctico en balonmano a través de los coeficientes de eficacia. Aplicación del software Sortabal V1.0.* Tesis doctoral no publicada, Universidad Miguel Hernández, Elche.

Hernández-Melián, L. M. (1998). Análisis praxiológico de la estructura funcional del balonmano. *Revista de Entrenamiento Deportivo, Tomo XII* (1), 17-27.

Hernández-Moreno, J. (1994). *Fundamentos del deporte. Análisis de las estructuras del juego deportivo* (Primera edición ed.). Barcelona: Inde Publicaciones.

Hernández-Moreno, J. (1998). Hacia la construcción de un mapa de la acción estratégica motriz en el deporte. *Revista de Entrenamiento Deportivo, RED, Tomo XII, Nº 1*, 5-12.

Hernández-Moreno, J. (2000). *La iniciación a los deportes desde su estructura y dinámica. Aplicación a la educación física escolar y al entrenamiento deportivo.* Barcelona: Inde.

Hernández-Moreno, J., & Rodríguez, J. P. (2004). *La praxiología motriz: Fundamentos y aplicaciones.* (Primera edición ed.). Barcelona: Inde.

Lagardera, F. (1996). La praxiología en España: Aportaciones, objeto y perspectivas. Esplugas de Llobregat, *IV Congreso de la AEISAD.*

Lago, C. (2000). *La acción motriz en los deportes de equipo de espacio común y participación simultánea.* Tesis doctoral, Instituto Nacional de Educación Física de Galicia, Universidad de A Coruña, A Coruña.

Lasierra, G. (1993). Análisis de la interacción motriz en los deportes de equipo. Aplicación de los universales ludomotores al balonmano. *Apunts. Educación Física y Deportes, 32*, 37-53.

Lloret, M. (1998). *Waterpolo: Técnica, táctica y estrategia.* Madrid: Gymnos.

López-León, R. (1997). Iniciación a las habilidades específicas: Balonmano. *Comunicación Técnica, 162* (pp. 1-21). *Real Federación Española de Balonmano, Madrid.*

Martín, R., & Lago, C. (2005). *Deportes de equipo. Comprender la complejidad para elevar el rendimiento* (Primera edición ed.). Zaragoza: Inde.

Montoya, M. (2010). *Análisis de las finalizaciones de los jugadores extremo en balonmano.* Tesis doctoral, Instituto Nacional de Educación Física de Cataluña. Universidad de Barcelona, Barcelona.

Navarro, V., & Jiménez, F. (1998). Un modelo estructural-funcional para el estudio del comportamiento estratégico en los juegos deportivos (I). *Revista Educación Física. Renovar la Teoría y la Práctica, 71*, 5-13.

Navarro, V., & Jiménez, F. (1999). Un modelo estructural-funcional para el estudio del comportamiento estratégico en los juegos deportivos (II). *Revista Educación Física. Renovar la Teoría y la Práctica, 73*, 5-8.

Parlebas, P. (1988). *Elementos de sociología del deporte.* Málaga: Unisport.

Parlebas, P. (2001). *Juegos, deportes y sociedades. Léxico de praxiología motriz.* Barcelona: Paidotribo.

Reglas de Juego. (2016). Real Federación Española de Balonmano. *Edición 1 de julio de 2016.* Extraído el 23 de julio de 2017 de http://www.rfebm.com/sites/default/files/documentos/reglas_pista_web_marcagua_1.pdf

Sampedro, J. (1999). *Fundamentos de táctica deportiva. Análisis de la estrategia de los deportes.* Madrid: Gymnos.

CAPÍTULO 2.
Fases del juego del balonmano

El balonmano es un deporte que se estructura en diferentes fases. Los dos equipos que participan en un partido van pasando alternativamente por ellas (Oliver y Sosa, 1996). En la Figura 1.2 se contrapone cada una de las fases del juego relacionándolas entre ambos equipos.

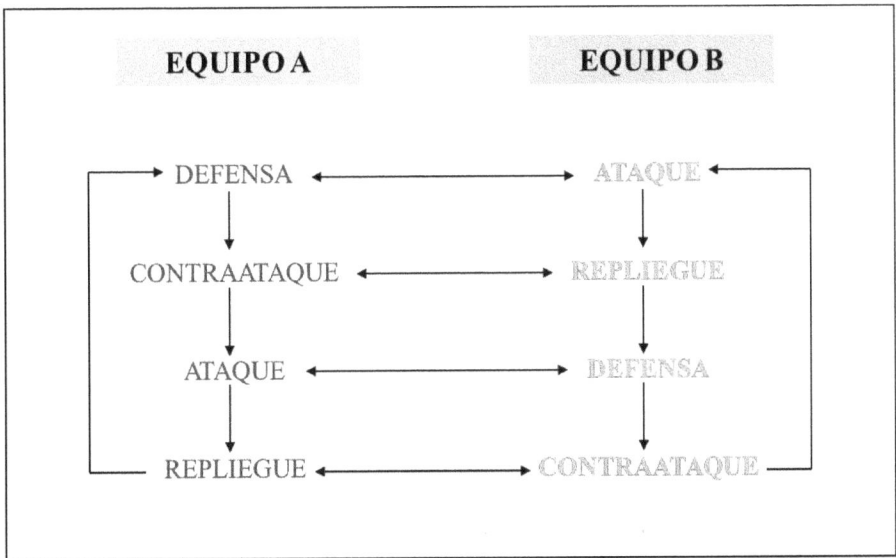

Figura 1.2. *Fases de juego del balonmano (modificado de Oliver y Sosa, 1996).*

La posesión del balón permite la obtención de un gol, y se define como *fase de ataque*. La no posesión del balón implica la imposibilidad de conseguir el gol y como consecuencia, obliga a adoptar una actitud para recuperarlo. Esta actitud de recuperación se denomina *fase de defensa*. Esta correlación ataque-defensa, condicionada por la posesión del balón, se produce constantemente durante todo el desarrollo del juego, y la alternancia de esta correlación se define como *ciclo del juego* (Antón, 1990). El ciclo se repite continuamente a través de las diferentes *fases del juego* (Figura 2.2).

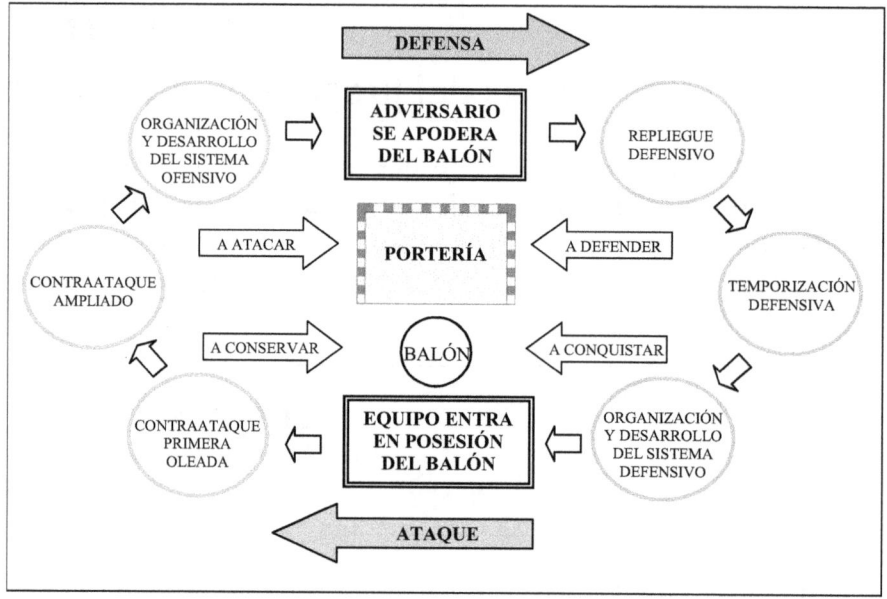

Figura 2.2. *Ciclo del juego y sus fases (modificado de Antón, 1990).*

Entre la fase de la defensa y la del ataque, se encuentran otras dos subfases significativas: el *contraataque* y el *repliegue defensivo*. Para Espar (2001, p.26), la fase de contraataque se inicia cuando «justo después de recuperar la posesión de balón, la mayoría de equipos, intenta sorprender rápidamente a los adversarios antes de que se organicen en la fase defensiva». El equipo atacante intenta conseguir una situación de ventaja rápida después de recuperar la posesión del balón. La fase de repliegue defensivo, según la lógica de la dinámica del juego, se organiza cuando «el equipo defensor responde a esta nueva fase evitando esta forma de ataque rápido».

Tomando como referencia las fases del juego, un partido de balonmano supone una contraposición de objetivos que tienden a equilibrar el enfrentamiento. Según Espar (2001), en el análisis de este equilibrio puede observarse que:

- El equipo que ataca busca, mediante la circulación del balón, conservarlo, mientras que el equipo que defiende intenta recuperar activamente el móvil.

- El equipo que ataca intenta progresar y hacer avanzar el balón, mientras que la defensa se esfuerza para anular o retardar el avance.

- El equipo que ataca procura concluir la posesión marcando un gol, mientras que la defensa trata de proteger su portería oponiéndose al lanzamiento.

1. ESTRUCTURA Y OBJETIVOS DEL JUEGO EN ATAQUE.

El juego de ataque está determinado por la posesión del balón. Sólo poseyendo el balón es posible obtener un gol, y ésta circunstancia es lo que define el llamado juego de ataque que viene previamente establecido por el reglamento de juego. Dicho reglamento es claro en este aspecto «el equipo que haya marcado más goles que el contrario es el ganador»[12]. Para poder trasladar el balón hacia la portería contraria se requiere el dominio del balón y del espacio, además de ciertas destrezas técnico-tácticas individuales y cooperación colectiva. A esta cooperación colectiva estando en posesión del balón para intentar cumplir los objetivos del juego se le conoce como *juego colectivo ofensivo* o *táctica colectiva de ataque* (Antón, 1998).

El objetivo fundamental del comportamiento del jugador y del equipo en el juego de ataque es encontrar soluciones para la resolución de situaciones tácticas que permitan obtener éxito en el ataque, es decir, conseguir gol (Antón, 1998). Para llegar a este objetivo, el equipo debe de plantearse tres objetivos específicos secuenciales:

a) Construir acciones ofensivas.
b) Crear situaciones de finalización cercanas a la portería contraria.
c) Concluir con éxito.

---

[12] Regla 9:3 de las Reglas de Juego de Balonmano (2016).

Tomando como referencia a Oliver y Sosa (1996), los objetivos asociados al ataque son:

a) Contraatacar.
b) Evitar que nos quiten el balón (conservar).
c) Progresar hacia la portería contraria.
d) Lanzar desde el mejor lugar (conseguir gol).

2. ESTRUCTURA Y OBJETIVOS DEL JUEGO EN DEFENSA.

La realidad del juego indica que cuando un equipo no posee el balón no hay posibilidad de cumplir el objetivo del juego: conseguir goles. Toda la actividad defensiva está encaminada fundamentalmente hacia la recuperación del balón para así poder cumplir el objetivo aludido. Para lograrlo, todos los jugadores deben cooperar adecuadamente y sincronizar sus intervenciones desde la combinación precisa de los parámetros espaciales, temporales y modales. La coordinación colectiva entre los defensores para intentar volver a poseer el balón se denomina *juego colectivo defensivo* o *táctica colectiva defensiva* (Antón, 2002).

El objetivo fundamental del comportamiento del jugador y del equipo en el juego de defensa es evitar los goles. Para alcanzar este objetivo, la defensa debe plantearse tres objetivos específicos:

a) Impedir la construcción de acciones ofensivas.
b) Anular, evitar o retrasar la creación de situaciones atacantes de finalización próximas a mi portería.
c) Impedir o dificultar la finalización con éxito.

Tomando como referencia a Oliver y Sosa (1996), los objetivos asociados a la defensa son:

a) Replegarse.
b) Recuperar el balón.
c) Evitar la progresión del equipo contrario.
d) Si se produce el lanzamiento, que sea en las peores condiciones.
e) Intervención del portero. Impedir gol.

3. PRINCIPIOS DE JUEGO DEL BALONMANO.

Los principios de juego del balonmano hacen referencia a ideas básicas que deben ser aplicadas de forma permanente, relacionándose con el comportamiento, la coordinación de acciones y la actividad general del juego de balonmano. Los principios de juego según Bayer (1986, p.52), «representan la fuente de la acción, definen las propiedades invariables sobre las cuales se realizará la estructura fundamental del desarrollo de los acontecimientos».

Dichos principios marcan las pautas fundamentales que generalmente deben seguirse y las leyes principales que rigen los comportamientos y las relaciones entre atacantes y defensores. Antón (1990), los divide en *principios generales*, que surgen de la interpretación de los objetivos del juego que requiere el reglamento, y *principios específicos*, que surgen de los anteriores y que concretan la actividad del jugador, facilitando la organización lógica del equipo (Tabla 1.2)

Tabla 1.2. *Principios de juego del balonmano.*

PRINCIPIOS GENERALES		
Ataque	Comunes	Defensa
- Conservar y asegurar la posesión del balón. - Progresar y atacar de forma permanente hacia la portería contraria. - Conseguir goles.	- Crear superioridad numérica. - Evitar igualdad numérica. - Anular la inferioridad numérica.	- La recuperación del balón. - El impedimento de la progresión del balón y adversarios hacia la portería. - La protección de la portería.
PRINCIPIOS ESPECÍFICOS		
Ataque	Comunes	Defensa
- El cambio rápido y decidido a situación atacante. - La observación de los espacios libres y de las posibilidades de progresión o penetración. - La estructuración, creación y explotación	- La reducción del número de errores. - La ayuda mutua. - El respeto a la disciplina táctica. - El mantenimiento de los puestos. - La distribución equilibrada de los espacios de juego.	- El cambio rápido y decidido a situación defensiva. - La lucha permanente por el balón. - El mantenimiento del equilibrio defensivo. - El ataque permanente al jugador con balón.

de situaciones de superioridad numérica. - El cambio de juego de extremo a otro. - La movilización colectiva de la defensa atacando permanentemente en anchura y profundidad. - La variación del ritmo de las acciones.	- La variación y alternancia de los medios tácticos individuales y colectivos en situaciones similares. - La sincronización espacio-temporal de las acciones. - La continuidad y encadenamiento de las acciones individuales y colectivas. - La adaptación del juego de ataque a las posibilidades potenciales propias y a las características del adversario.	- La concentración defensiva en las zonas más peligrosas de actuación del adversario. - El rechazo del adversario. - La vigilancia especial del jugador en circulación, aunque no sea el poseedor de balón. - El esfuerzo útil. - La creación de superioridad numérica defensiva en zona de balón.

REFERENCIAS

Antón, J. L. (1990). *Balonmano: Fundamentos y etapas del aprendizaje: Un proyecto de escuela española.* Madrid: Gymnos.

Antón, J. L. (1998). *Balonmano: Táctica grupal ofensiva. Concepto, estructura y metodología.* Madrid: Gymnos.

Antón, J. L. (2002). *Táctica grupal defensiva: Concepto, estructura y metodología.* Grupo Editorial Universitario.

Bayer, C. (1986). *La enseñanza de los juegos deportivos colectivos.* Barcelona: Hispano Europea.

Espar, X. (2001). *Balonmano.* Barcelona: Martínez Roca.

Oliver, J. F., & Sosa, P. I. (1996). *Balonmano. La actividad física y deportiva extraescolar en los centros educativos.* Madrid. Ministerio de Educación y Cultura: Consejo Superior de Deportes.

Reglas de Juego. (2016). Real Federación Española de Balonmano. *Edición 1 de julio de 2016.* Extraído el 23 de julio de 2017 de http://www.rfebm.com/sites/default/files/documentos/reglas_pista_web_marcagua_1.pd

CAPÍTULO 3
Modelo para el análisis de juego del balonmano

La complejidad en la observación de los deportes de equipo o juegos deportivos colectivos, ha proporcionado diversos planteamientos para su análisis. Los estudios que se encuentran en el ámbito del análisis táctico (Castelo, 1994; Franks & McGarry, 1996; Grosgeorge, 1996), encierran dificultades derivadas del número de elementos a observar, de la enorme variabilidad de los comportamientos y acciones que suceden en los partidos, y de los múltiples criterios existentes para definirlos e identificarlos (Dufour, 1993; Garganta, 1996; Garganta, 2000).

En los deportes de equipo de tanteo alto como el balonmano, al tratarse de un deporte de finalización, donde cada jugada termina con un lanzamiento, el resultado final es la consecuencia del éxito en cada una de las posesiones o unidades de competición de cada equipo. Las causas que producen el éxito o el fracaso son cuantificables y tienen un efecto claro en el marcador parcial de cada posesión y final (Álvaro et al., 1996; Sampaio & Janeira, 2003).

1. LA UNIDAD DE COMPETICIÓN.

Moreno y Pino (2000), realizan una propuesta de un modelo para analizar el juego en los deportes de equipo. Basándose en la propuesta realizada por Álvaro et al. (1996), y llevada a cabo por diferentes autores (Castellano, 2000; Pino, 2002; Rey, Lago-Peñas, & Lago-Ballesteros, 2006), proponen subdividir la competición en unidades más pequeñas que puedan tener relevancia en el rendimiento, de tal forma que el resultado sea un sumatorio de dichas *Unidades de Competición* (Figura 1.3).

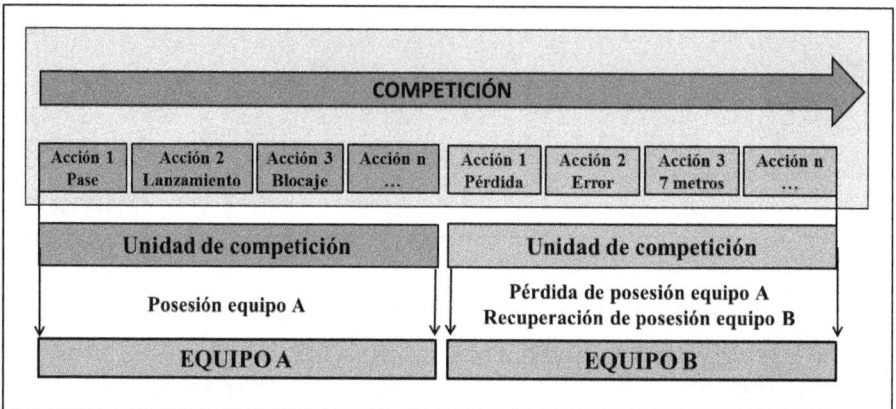

Figura 1.3. *Unidad de competición (modificado de Álvaro et al., 1996).*

Una Unidad de Competición abarca las fases de transición de ataque y defensa, desde la posesión de balón, hasta la pérdida de balón del propio equipo. Según Álvaro et al. (1996, p. 29), las Unidades de Competición son «el conjunto de actividades que se producen en el intervalo limitado por dos posesiones consecutivas de balón y sus efectos en el rendimiento». El autor no sólo valora la fase de ataque o de defensa, sino también la acción que la precede y la que la sucede evitando un análisis aislado de la posesión del balón y aumentando las posibilidades de establecer relaciones de causa y consecuencia entre las fases de juego.

El conjunto de Unidades de Competición constituye un *Ciclo de Juego,* que es el período de tiempo que transcurre desde que el balón está en juego hasta que deja de estarlo. Este concepto viene regulado por el reglamento. Un Ciclo de Juego, por tanto, como mínimo, está compuesto por una Unidad de Competición y como máximo por tantas Unidades de Competición, de un equipo o de ambos, como se produzcan hasta que el balón deje de estar en juego (Figura 2.3). A partir de aquí se deben delimitar las conductas o situaciones de juego, para llevar a cabo un correcto análisis del rendimiento deportivo.

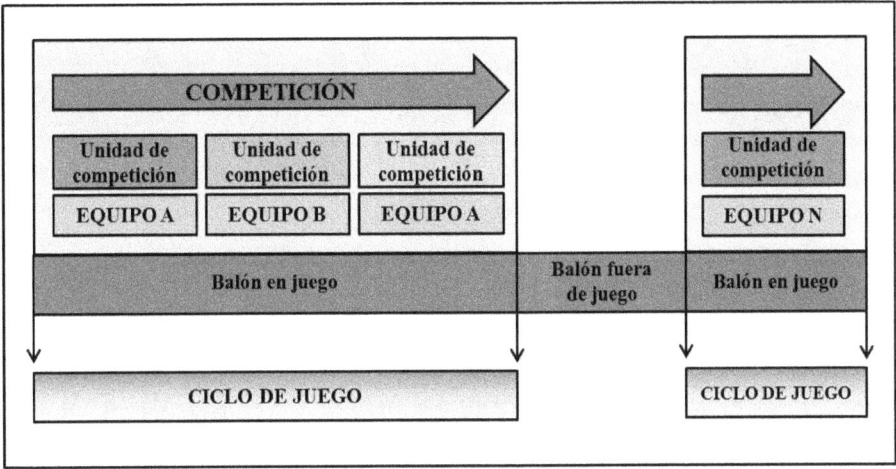

Figura 2.3. *Ciclo de juego (modificado de Álvaro et al., 1996).*

2. LA POSESIÓN.

En cuanto a la denominación de posesión, con la misma connotación de dimensión temporal, se asocia a la situación de ataque y la no posesión a la situación de defensa. Con algunas diferencias puntuales es lo que se denominó también unidad de competición (Álvaro et al., 1996) y unidad de análisis temporal (Gutiérrez, 2006). En este momento desde la perspectiva de su duración aparecerían las diferentes fases del juego propuestas por Antón (1990): contraataque, ataque organizado, balance defensivo y defensa organizada, que se corresponden con la posesión las dos primeras, y la no posesión las dos últimas.

La competición obliga a los equipos a una dinámica de funcionamiento con alternativas cuando están en posesión del balón o cuando lo posee el rival. Tomando como ejemplo a Franks y Goodman (1984), describieron el juego de una forma sencilla utilizando un modelo de dos fases: nuestro equipo tiene la posesión de balón, o el equipo contrario tiene la posesión de balón. A partir de aquí, introducen de forma jerárquica los siguientes niveles (Figura 3.3):

1. ¿En qué lugar el equipo gano o perdió la posesión?

2. ¿Quién ganó o perdió la posesión?

3. ¿Cómo se ganó o perdió la posesión? (fallo técnico, interceptación, etc...)

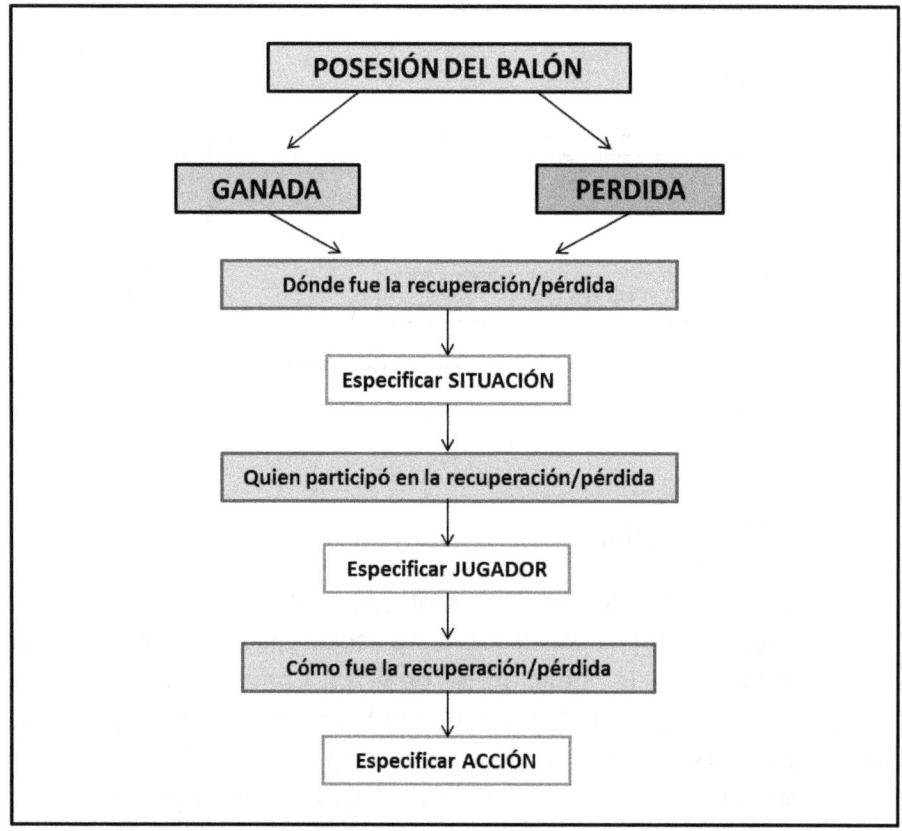

Figura 3.3. *Estructura jerárquica de un modelo para representar los eventos de un equipo de balonmano (modificado de Hughes & Franks, 2004).*

Franks y Goodman (1984) sugieren una serie de pasos o tareas en la evaluación del rendimiento:

Tarea 1. Describir el deporte de una forma general a una forma específica.

Tarea 2. Esencial en cualquier sistema de análisis: Priorizar los factores de rendimiento más importantes.

Tarea 3. Elaborar un método de registro que sea eficiente y fácil de aprender.

Teniendo en cuenta el modelo de análisis comentado anteriormente, se pueden incorporar al modelo más acciones y su resultado, para registrar los eventos de juego que tienen lugar durante la posesión de un equipo (Figura 4.3). No han sido incluidas las acciones producidas cuando no se está en posesión de balón. El *jugador*, la *posición*, la *acción*, e incluso el *tiempo*, son elementos que se incluyen en un sistema de análisis de juego en cualquier deporte.

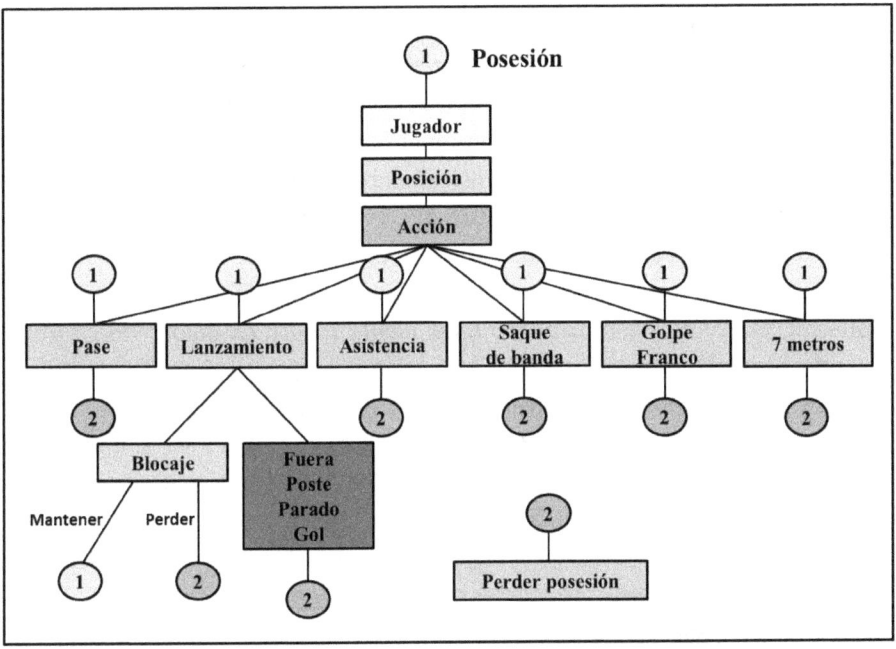

Figura *4.3. Diagrama de flujo para el balonmano (modificado de Hughes & Franks, 2004).*

REFERENCIAS

Álvaro, J., Dorado, A., González Badillo, J. J., González, J. L., Navarro, F., Molina, J. J., ...Sánchez, F. (1996). Modelo de análisis de los deportes colectivos basado en el rendimiento en competición. *Infocoes, 1*(0), 21-40.

Antón, J. L. (1990). *Balonmano: Fundamentos y etapas del aprendizaje: Un proyecto de escuela española*. Madrid: Gymnos.

Castellano, J. (2000). *Observación y análisis de la acción de juego en el fútbol*. Tesis doctoral, Departamento de Teoría e Historia de la Educación, Universidad de Málaga, Vitoria.

Castelo, J. (1994). *Futebol: Modelo técnico-táctico do jogo*. Lisboa: FMH Ediciones.

Dufour, W. (1993). Computer-assisted scouting in soccer. In T. Reilly, J. Clarys & A. Stibbe (Eds.), *Science and football II* (pp. 160-166). London: E & F.N. Spon.

Franks, I., & Goodman, D. (1984). A hierarchical approach to performance analysis. *Science Periodical on Research & Technology in Sport.*

Franks, I., & McGarry, T. (1996). The science of match analysis. In T. Reilly (Ed.), *Science and soccer*, (pp. 363-375). London: E. & F.N. Spon.

Garganta, J. (1996). Modelação da dimensão táctica do jogo de futebol. En Oliveira, J., Tavares, F. (Ed.), *Estratégia e táctica nos desportos colectivos* (pp. 63-82). Porto, FCDEF-UP: Centro de Estudos dos Jogos Desportivos.

Garganta, J. (2000). Análisis del juego en el fútbol. El recorrido evolutivo de las concepciones, métodos e instrumentos. *Revista de Entrenamiento Deportivo, RED, Tomo XIV* (Nº 2), 5-14.

Grosgeorge, B. (1996). Sports collectifs: Le couple "anticipation/réaction" dans les un contre un. *EPS: Revue Education Physique et Sport,* (257), 40-43.

Gutiérrez, O. (2006). *Valoración del rendimiento táctico en balonmano a través de los coeficientes de eficacia. Aplicación del software Sortabal V1.0.* Tesis doctoral no publicada, Universidad Miguel Hernández, Elche.

Hughes, M., & Franks, I. M. (2004). Sports analysis. In Hughes M., & I. M. Franks (Eds.), *Notational analysis of sport*, (pp. 103-114). London: Routledge.

Moreno, M. I., & Pino, J. (2000). La observación en los deportes de equipo. *Lecturas: Educación Física y Deportes, 18*, 1-3. Extraído el 2 de marzo de 2012 de http://www.efdeportes.com/efd18a/dequipo.htm.

Pino, J. (2002). Análisis de la dimensión tiempo en fútbol. *Lecturas: Educación Física y Deportes, 45*, 1-3. Extraído el 2 de marzo de 2012 de http://www.efdeportes.com/efd45/tiempo.htm.

Rey, E., Lago-Peñas, C., & Lago-Ballesteros, J. (2006). Variables determinantes del tiempo de posesión en el fútbol. Importancia del contexto de competición. En *I Congreso Internacional de las Ciencias Deportivas,* Pontevedra.

Sampaio, J., & Janeira, M. (2003). Statistical analysis of basketball team performance: Understanding teams' wins and losses according to a different index of ball possessions. *Internacional Journal of Performance Analysis in Sport, 3*, 40-49.

BLOQUE II
ANÁLISIS DEL JUEGO EN EL BALONMANO ACTUAL

CAPÍTULO 4.
Concepto y justificación del Análisis del Juego

En el ámbito de los juegos deportivos colectivos, el concepto de *Análisis del juego*, entendido como el resultado del juego a partir de la observación de la actividad de los jugadores y de los equipos, se ha constituido como un argumento de importancia creciente (Garganta, 2000). Este hecho es debido a la gran información que aporta dicho análisis y a las potenciales ventajas que encierra para hacer viable la regulación de la prestación competitiva (Garganta, 2001). Los estudios realizados en este ámbito hacen referencia a términos como observación del juego, análisis del juego y análisis notacional. Aunque la expresión más utilizada en la literatura es *Análisis del juego*, considerándose que engloba las diferentes fases del proceso, como la observación de los acontecimientos, la anotación de los datos y la interpretación de los mismos (Franks y Goodman, 1986; Hughes, 1996; Garganta, 1997).

El proceso de recogida, clasificación, tratamiento y análisis de los datos obtenidos a partir de la observación del juego, se contempla como un elemento determinante en la búsqueda de la optimización del rendimiento de los jugadores y los equipos (Garganta, 1997). La variabilidad de la propia competición hace que dicho análisis presente gran dificultad debido al alto número de jugadores, a las múltiples posibilidades de interacción en la conducta de estos jugadores y a la propia lógica interna de cada modalidad deportiva (Villarón e Izquierdo, 2008).

Uno de los objetivos del análisis del juego es contribuir a diferenciar las opiniones de los hechos (Garganta, 1998). Dicho análisis debe permitir describir el rendimiento en el contexto del juego, codificando las acciones individuales, grupales o colectivas, con el fin de sintetizar la información relevante, para utilizarla en el proceso de aprendizaje. Normalmente la información se utiliza en forma de retroalimentación para preparar futuras competiciones (Carling et al., 2005).

El proceso de observación y análisis de juego ha experimentado una evolución evidente en los sistemas utilizados. Las primeras observaciones realizadas en vivo, eran asistemáticas y subjetivas. Los registros de los comportamientos de los jugadores eran realizados a partir de la técnica denominada "lápiz y papel", utilizando la anotación manual (Garganta, 2001). Dicho sistema tiene sus ventajas y sus desventajas. Los sistemas de notación manual son baratos y exactos, si están definidos operativamente y se utilizan correctamente. Las desventajas de estos sistemas son que el tiempo requerido para el procesamiento de los datos puede ser muy largo (Hughes, 1996). En los últimos años han sido sustituidos por registros informáticos, que proporcionan indudables ventajas de mayor precisión y agilidad (Anguera et al., 2011).

La información recogida a partir del análisis del comportamiento de los jugadores en contextos naturales como la competición, es actualmente considerada una de las variables que más afectan al aprendizaje y a la eficacia de la acción deportiva (Hughes y Bartlett, 2002; Hughes y Franks, 1997; Hughes y Franks, 2005; McGarry et. al., 2002).

Contreras y Ortega (2000), defienden dos formas distintas de realizar la observación: en situación de competición o en entrenamiento. La observación en competición trata de obtener, analizar y aportar datos relevantes al entrenador con el fin de mejorar el rendimiento del equipo. Lo ideal sería poder obtener información en tiempo real de lo que está sucediendo en el juego, para facilitar la toma de decisiones del entrenador. Bacconi y Marella (1995), citado en Ortega (1999), consideran que mediante la observación del juego se registran datos del partido en tiempo real, y que en cuanto al análisis del juego, se recogen y analizan datos en tiempo diferido. Dichos autores desarrollan un sistema informático modular que permite, en tiempo real, catalogar, cruzar y elaborar informaciones técnicas y tácticas.

Para Álvaro et al. (1996, p.26), «el análisis de la competición en los deportes de equipo presenta una gran dificultad como consecuencia de la complejidad del fenómeno, de la variabilidad de la propia competición, de la influencia de variables indeterminadas que se salen de las competencias del entrenador –el entorno– y otras variables de difícil manejo que englobamos bajo el término –azar–».

Esta complejidad en el análisis de los deportes de equipo viene dada por (Álvaro et al., 1996; Orta, Pino y Moreno, 2000):

- El alto número de jugadores implicados en el desarrollo del juego.
- El carácter interactivo de las conductas de los jugadores.
- El grado de evolución y la *lógica interna* de cada uno de los deportes de equipo.
- El gran número de factores directos e indirectos de rendimiento.
- La dimensión derivada de la propia competición.

El análisis de juego puede hacerse de varias formas, aunque lo más frecuente es establecer un procedimiento de observación de un partido, realizar una grabación y visionar las imágenes posteriormente. Para Antón (2000, p.233), «un procedimiento de este tipo está realizado en términos cualitativos, y por consiguiente, sujeto a interpretaciones subjetivas. Es preciso enlazar este tipo de análisis con los resultados obtenidos por medio de datos cuantitativos y estadísticas de resultados de los encuentros jugados por el equipo motivo de análisis. Si se dispone de un ordenador portátil se pueden anotar y grabar las variables de análisis que se consideren oportunas y obtener con ello datos de forma inmediata que pueden servirnos para analizar el encuentro tanto en el descanso como al final del mismo. Con las tecnologías modernas las posibilidades de control por parte del entrenador del análisis del rendimiento se han convertido en una realidad que facilita con precisión su labor».

Una de las mayores dificultades cuando se utilizan los ordenadores en el proceso de observación y análisis del juego, es la entrada de la información, o *input* (Hughes, 1996). El proceso de análisis de partidos tiende a concentrarse en analizar, evaluar y proporcionar información sobre las acciones realizadas por los jugadores. Es responsabilidad del entrenador asegurar la mejor retroalimentación posible a sus jugadores. Esta retroalimentación se puede dar cuantitativamente mediante análisis estadístico o cualitativamente a través del uso de grabaciones de vídeo o reconstrucciones de partido. Las categorías y los indicadores seleccionados para la recogida de la información responden normalmente a cuatro cuestiones:

1. ¿quién ejecuta la acción?;
2. ¿cuál (cómo y de qué tipo) es la acción realizada?;
3. ¿dónde se realiza la acción?;
4. ¿cuándo es realizada la acción?

Está información proporciona recuentos básicos del partido que pueden ser evaluados por la tasa de éxito en las acciones individuales (Carling et al., 2005).

El análisis del rendimiento en los juegos deportivos posibilita (Garganta, 2001):

a) configurar modelos para la actividad de los jugadores y de los equipos;
b) identificar los rasgos de la actividad cuya presencia o ausencia se correlaciona con la eficacia de los procesos y la obtención de resultados positivos;
c) promover el desarrollo de métodos de formación que garanticen una mayor especificidad, y por tanto, una transferibilidad superior;
d) establecer planes tácticos adecuados en función del adversario a derrotar;
e) indicar las tendencias evolutivas de los diferentes deportes.

Por otra parte, Teixeira (2010), describe una serie de ventajas que el análisis de juego ofrece a los técnicos y jugadores:

▶ Identificar y comprender los principios estructurales del juego, los criterios de eficacia de rendimiento individual y colectivo.
▶ Analizar e inferir tendencias o patrones de juego; realizar una evaluación imparcial de rendimiento deportivo para detectar indicadores clave del comportamiento deportivo.
▶ Acceder al conocimiento organizado del juego y a los factores que concurren para el suceso deportivo; planificar y organizar el

entrenamiento; regular el aprendizaje, el entrenamiento y la competición (Sampaio, 2005).
- Configurar modelos de actividad de jugadores y equipos; identificar los aspectos de la actividad que se correlacionan con la eficacia del proceso y la obtención de resultados positivos; promover el desarrollo de métodos de entrenamiento que garanticen mayor especificidad; indicar tendencias evolutivas de las diferentes modalidades deportivas (Garganta, 2000).
- Medio de evolución del proceso de entrenamiento y de las competiciones, y aumentar el conocimiento relativo al juego (Silva, 2008).
- Identificar fuerza y debilidades del propio equipo, así como del adversario.

Existe la opinión generalizada de que los entrenadores experimentados observan un partido sin sistema de apoyo y retienen los elementos críticos del juego (Franks y McGarry, 1996). Se podría pensar que los entrenadores son capaces de verificar y analizar las causas de los errores provocados por su equipo en juego (Rodríguez y Moreno, 1996). Sin embargo, la evaluación del rendimiento que hace el entrenador se basa generalmente en su observación, en el análisis e interpretación de la competición anterior, o de partidos anteriores. Este tipo de observación presenta, cuando se pretende plantear un diagnóstico de gran precisión, limitaciones de tipo sensorial propias de los sistemas de recepción de la información en el hombre que pueden dejar al margen detalles de gran importancia.

El problema es que los entrenadores son capaces de memorizar menos de la mitad de las acciones importantes durante un partido, apenas un 12% de lo que acontece, de ahí la importancia de la observación y análisis del juego Por ello se hace necesario un sistema capaz de otorgar una información objetiva que simplifique la alta complejidad del desarrollo del juego (Franks, 1985).

Algunas investigaciones (Franks y Miller, 1986; 1991), revelan que los entrenadores de fútbol más expertos y de nivel internacional, apenas retienen un 30% de los elementos que más influyen a lo largo de un partido. Este dato adquiere mayor importancia en el balonmano, ya que es una modalidad que es practicada con una mayor velocidad debido al menor número de jugadores, a una menor dimensión del terreno de juego, y a unas unidades ofensivas y defensivas más cortas que en el fútbol (Ribeiro, 2005).

El recuerdo del entrenador durante la competición se ve afectado por varios factores:

- el entorno de visualización (los entrenadores, como espectadores, tienden a centrarse en el movimiento del balón, perdiendo el resto de información que sucede alrededor);
- limitaciones de la memoria humana (la memoria humana es limitada y es imposible recordar cada acción durante un partido, además, los entrenadores sólo recuerdan los acontecimientos clave de un partido, que les darán una imagen distorsionada del rendimiento);
- establecer puntos de vista y prejuicios (algunos entrenadores sólo ven lo que quieren o lo que esperan ver);
- efectos de las emociones como el estrés y la ira (esto afecta a la concentración y puede distorsionar la impresión del entrenador durante el partido).

Debido a estas limitaciones, es importante que los entrenadores deban tratar de evitar decisiones basadas exclusivamente en la evaluación subjetiva del rendimiento. Por lo tanto, el entrenador deberá trata de recopilar tanta información como sea posible a fin de basar sus decisiones en datos objetivos (e.g. los datos cuantitativos de análisis de partido) o un registro independiente (e.g. secuencias de vídeo) y no sólo un recuerdo personal (Carling et al., 2005).

REFERENCIAS

Álvaro, J., Dorado, A., González Badillo, J. J., González, J. L., Navarro, F., Molina, J. J., ...Sánchez, F. (1996). Modelo de análisis de los deportes colectivos basado en el rendimiento en competición. *Infocoes, 1*(0), 21-40.

Anguera, M. T., Blanco-Villaseñor, A., Hernández-Mendo, A. y Losada, J. L. (2011). Diseños observacionales: ajuste y aplicación en psicología del deporte. *Cuadernos de Psicología del Deporte, 11*(2), 63-76.

Antón, J. L. (2000). *Balonmano, perfeccionamiento e investigación*. Barcelona: Inde.

Bacconi, A., & Marella, M. (1995). Nuovo sistema di analisi della partita in tempo reale. *Preparazione Atletica, Analisi e Riabilitazione nel Calcio. 1º Convegno Nazionale AIPAC Cittá Di Castelo: Nuova Prhomos,* 17-28.

Carling, C., Williams, M., & Reilly, T. (2005). Handbook of soccer match analysis: A systematic approach to improving performance. *London: Routledge.*

Contreras, M., & Ortega, J. (2000). La observación en los deportes de equipo. *Lecturas Educación Física y Deportes, Revista Digital, 18.*

Franks, I. M. (1985). Quantitative and qualitative analysis. *Coaching Review, 8,* 48-49.

Franks, I. M., & Goodman, D. (1986). A systematic approach to analysing sports performance. *Journal of Sports Sciences, 4*(1), 49-59.

Franks, I. M., & Miller, G. (1986). Eyewitness testimony in sport. *Journal of Sport Behavior, 9*(1), 38-45.

Franks, I. M., & Miller, G. (1991). Training coaches to observe and remember. *Journal of Sports Sciences, 9*(3), 285-297.

Franks, I., & McGarry, T. (1996). The science of match analysis. In T. Reilly (Ed.), *Science and soccer,* (pp. 363-375). London: E. & F.N. Spon.

Garganta, J. (1997). *Modelação táctica do jogo de futebol. estudo da organização da fase ofensiva em equipas de alto rendimento.* Tesis doctoral, Facultade de Ciencias do Desporto e de Educação Física, Universidade do Porto, Porto.

Garganta, J. (1998). Analisar o jogo nos jogos desportivos colectivos. *Revista Horizonte, XIV (83),* 7-14.

Garganta, J. (2000). Análisis del juego en el fútbol. El recorrido evolutivo de las concepciones, métodos e instrumentos. *Revista de Entrenamiento Deportivo, RED, Tomo XIV* (Nº 2), 5-14.

Garganta, J. (2001). A análise da performance nos jogos desportivos. Revisão acerca da análise do jogo. *Revista Portuguesa de Ciências do Desporto, 1*(1), 57-64.

Hughes, M. (1996). Notational analysis. In T. Reilly (Ed.), *Science and soccer* (pp. 343-361). London: E. & F.N. Spon.

Hughes, M. D., & Bartlett, R. M. (2002). The use of performance indicators in performance analysis. *Journal of Sports Sciences, 20*(10), 739-754.

Hughes, M., & Franks, I. (1997). *Notational analysis of sport*. London: E & FN Spon.

Hughes, M., & Franks, I. (2005). Analysis of passing sequences, shots and goals in soccer. *Journal of Sports Sciences, 23*(5), 509-514.

McGarry, T., Anderson, D., Wallace, S., Hughes M., & Franks, I. (2002). Sport competition as a dynamical self-organizing system. *Journal of Sports Sciences, 20*, 771-781.

Orta, A., Pino, J., & Moreno, I. (2000). Propuesta de un método de entrenamiento universal para deportes de equipo basándose en el análisis observacional de la competición. *Lecturas: Educación Física y Deportes, 27*, 1-2. Extraído el 26 de agosto de 2014 de http://www.efdeportes.com/efd27a/de.htm.

Ortega, J. P. (1999). Evolución de los instrumentos y métodos de observación en fútbol. *Lecturas: Educación Física y Deportes, 17*. Extraído el 24 de marzo de 2012 de http://www.efdeportes.com/efd17a/evalfut.htm.

Ribeiro, S. F. (2005). *Análise do jogo de andebol: Sistema ofensivo e suas transformações*. Dissertação de Doutoramento apresentada á Facultade de Ciências do Desporto e de Educação Física, Universidade do Porto, Porto.

Rodríguez, P. L., & Moreno, J. A. (1996). Diseño de un sistema de evaluación cualitativo-cuantitativo de eficacia en las acciones en voleibol. *Revista de Entrenamiento Deportivo, RED, 10*(3), 25-33.

Sampaio, J. (2005). Análisis de la competición en el deporte. *Kronos: La Revista Científica de Actividad Física y Deporte, 3*(8). Extraído el 28 de septiembre de 2011 de http://www.revistakronos.com/kronos/index.php?articulo=57.

Silva, J. (2008). *Modelação táctica do proceso ofensivo em andebol: Estudo de situações de igualdade numérica, 7 vs 7, com recurso á análise sequencial*. Dissertação de Doutoramento apresentada á Facultade de Desporto e de Educação Física, Universidade do Porto, Porto.

Teixeira, R. M. (2010). Análise Dinâmica da Performance no Andebol de Alto Nível. *Tese de Mestrado não publicada. Universidade de Trás-os-Montes e Alto Douro*. Vila Real.

Villarón, M. A. G., & Izquierdo, M. (2008). Observación y análisis en deportes individuales y colectivos. En M. Izquierdo (Ed.), *Biomecánica y bases neuromusculares de la actividad física y el deporte* (pp. 129-155). Madrid: Médica Panamericana.

CAPÍTULO 5.
Modelos de Análisis del Juego

La complejidad en la observación de los deportes de equipo o juegos deportivos colectivos, ha proporcionado diversos planteamientos para su análisis. En cuanto a la dimensión técnica, en los deportes colectivos se ha estudiado más la expresión cuantitativa que la cualitativa. Para entrenadores e investigadores, los análisis que destacan el comportamiento del equipo y de los jugadores, a través de las variaciones en las acciones de juego, resultan más útiles que la acumulación de elementos cuantitativos relativos a acciones aisladas y no contextualizadas (Garganta, 2000).

La evolución del proceso de análisis del juego se desarrolla de una *dimensión cuantitativa* a una *dimensión cualitativa* (Figura 1.5).

La valoración del rendimiento táctico en los deportes de equipo se puede realizar de dos formas diferentes de análisis: el *cuantitativo* y el *cualitativo*. El *análisis cuantitativo* se desarrolla por medio de los sistemas de registro de acciones, que aportan datos estadísticos y dan información para modular y optimizar el entrenamiento táctico. El *análisis cualitativo* aporta información de por qué se producen determinados hechos. El proceso de cuantificación del rendimiento táctico debe dar información relevante para valorar cualitativamente el rendimiento táctico (Gutiérrez, 2009).

Para evaluar dicho rendimiento, a través de la observación, existe un doble proceso que puede realizarse controlando datos numéricos sobre determinados aspectos del juego, o bien hacer una observación más cualitativa que implique intentar abarcar todas las facetas del juego.

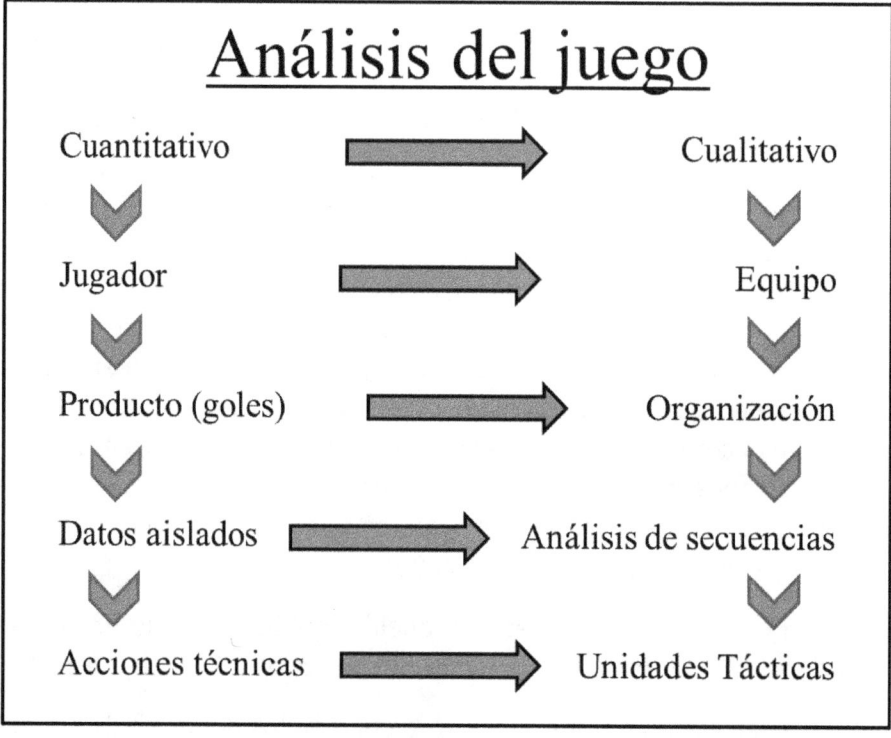

Figura 1.5. *Evolución del proceso en el análisis del juego (modificado de Garganta, 2000).*

1. ANÁLISIS CUANTITATIVO.

La información que ofrece un partido es muy extensa. La acción continuada y el dinamismo del juego hacen que la toma de datos sea difícil. La observación cuantitativa indica la cantidad de veces que sucede una determinada acción técnica. Estas acciones técnicas podrán ser observadas por su ejecución o por el resultado de la misma. El análisis cuantitativo del rendimiento deportivo produce información que los entrenadores pueden utilizar dentro del proceso de coaching para mejorar el rendimiento y facilitar la evaluación (Borrie, Jonsson y Magnusson, 2002). Lames y Hansen (2001), identifican dos propósitos fundamentales en el análisis del juego en la alta competición: la preparación frente a un oponente, y la obtención de información para la mejora del rendimiento.

Un método de análisis necesita definir con medidas objetivas las conductas de los jugadores durante el juego. Para cuantificar los aspectos del juego se debe establecer unos criterios previos. El análisis cuantitativo debe ser estructurado adecuadamente para poder analizar la información posteriormente. El análisis cuantitativo no sólo aumenta la cantidad de información sobre el juego, sino también posibilita la realización de comparaciones entre partidos. La cuantificación del juego permite caracterizar los patrones de comportamientos, y detectar los puntos fuertes y débiles de los equipos (Garganta, 1998).

Hay muchas facetas del rendimiento del equipo que pueden observarse, por tanto, es preciso establecer elementos prioritarios que sirvan para mejorar el rendimiento. La búsqueda de este rendimiento deportivo obliga a profundizar en el conocimiento exhaustivo de una serie de variables del juego, que vendrán determinadas en función de las necesidades y de los intereses de cada observador.

Para decidir la información que puede ser útil para el entrenador, Antón (2000) propone tres elementos: la filosofía del entrenador, los objetivos prioritarios del partido, y la base de datos de los partidos anteriores. Según la filosofía del entrenador, puede dictar diferentes estrategias dependiendo del período temporal del juego. Si el objetivo prioritario del partido es valorar la posesión de balón, será importante conocer el número total de posesiones, el tiempo de posesión, la relación entre los tiempos de posesión y el éxito o el fracaso, el número de pases en cada posesión, los jugadores que más veces intervinieron con respecto al balón, etc. La base de datos acumulados de partidos anteriores resulta de vital importancia, ya que toda la evaluación del rendimiento, y la programación del entrenamiento, sólo puede hacerse sobre la base de una continuidad en el proceso y con amplitud de datos, y nunca en razón de un encuentro concreto.

El desarrollo de una amplia base de datos posibilita la formulación de modelos predictivos como ayuda al análisis de juego, y consecuentemente mejorar el rendimiento (Hughes & Bartlett, 2002; Hughes & Franks, 2005; Hughes & Franks, 2007). El proceso metodológico para la construcción de un modelo de análisis cuantitativo debe partir de la definición de aquellas conductas prioritarias a reclamar durante el encuentro, para establecer los diferentes niveles de análisis. En términos generales puede plantearse un análisis de rendimiento colectivo, un análisis individualizado de los jugadores, o un análisis de ambos modelos. El nivel de análisis del colectivo puede contemplar según Antón (2000, pp. 236-237), aspectos como:

- Información sobre las pérdidas de balón (posesiones que no acaban en lanzamiento).
- Información sobre la eficacia general de lanzamientos.
- Información sobre las recuperaciones de balón.
- Información sobre las asistencias o pases de gol.
- Información sobre el resultado de las desigualdades numéricas de ataque y defensa.
- Información sobre la eficacia en cada fase del juego (contraataque, ataque organizado...).
- Información sobre los claros errores defensivos.
- Información sobre la eficacia de los propios porteros.
- Información sobre la relación número de ataques/número de goles.
- Información sobre la relación número de ataques/número de lanzamientos.
- Información sobre el equilibrio de rendimiento por períodos temporales del encuentro.

En el análisis del rendimiento individual puede establecerse aquellos aspectos en que la participación del jugador se considere importante o haya tenido un volumen de participación considerable. La valoración individual nos permite ir acumulando datos de cada faceta analizada, con lo que se pueden establecer posteriormente escalas o criterios mínimos de rendimiento en cada faceta o en cada puesto específico. Estos datos deben correlacionarse con otros aspectos como son el momento del partido o el lugar en que se han producido determinadas acciones.

2. ANÁLISIS CUALITATIVO.

El proceso de interpretación de los datos de observación con el fin de alcanzar los objetivos propuestos ha llevado al desarrollo del *Análisis cualitativo del juego*, el cual aplica los principios metodológicos de la investigación cualitativa a la observación del juego. La observación cualitativa pretende valorar la calidad de la actuación técnica.

Existen una serie de problemas asociados con el proceso de análisis cualitativo: la *subjetividad*, la *memoria* y el *conocimiento de los resultados*. La subjetividad del entrenador puede llevar a distorsionar ciertas variables de análisis y alterar la fiabilidad de las observaciones. Por otro lado, las limitaciones humanas hacen imposible recordar todas las acciones de un partido entero, debido a la complejidad del juego y al número de acciones que se desarrollan en el mismo. El conocimiento de los resultados debe de realizarse después de terminar el partido, lo que facilita la asociación de ideas. Según Antón (2000, p.235), «es necesario que el entrenador disponga de estos datos para utilizarlos cuando lo considere conveniente, y deben ser lo más objetivos posible».

El análisis cualitativo posee tres etapas principales: la observación, la evaluación y la intervención (Lees, 2002). Anguera (1988, p.7), define la observación como:

«Procedimiento encaminado a articular una percepción deliberada de la realidad manifiesta con su adecuada interpretación, captando su significado, de forma que mediante el registro objetivo, sistemático y específico de la conducta generada de forma espontánea en un determinado contexto, y una vez que se ha sometido a una adecuada codificación y análisis, nos proporcione resultados válidos dentro de un marco especifico de conocimiento».

Sierra (2008), define la observación como toda recogida de datos, aunque no sea fundada directa o inmediatamente en los sentidos, ampliando el concepto a la recogida de medidas y de evaluaciones. Así mismo, define el concepto de medida como la asignación de números a objetos o acontecimientos según unas normas o reglas. El autor se refiere siempre a atributos o características (variables) de las cosas o personas observadas: «La medida representa la expresión en términos numéricos de los resultados de la observación de la realidad» (p. 243).

Para Blázquez (1990, p.22), la medición es una fase de la evaluación:

«La evaluación comprende, a la vez, la descripción cualitativa y la descripción cuantitativa, y comporta, además, juicios de valor en relación con lo que se esperaba. Medir significa indicar una actuación en metros, segundos… Evaluar constituye pronunciarse sobre esa actuación. La medición constituye una fase de la evaluación que suministra datos, información. La evaluación al emitir juicios de valor sobre los aspectos medidos, supera la mera recogida de datos».

La realidad objeto de estudio se reduce a unidades de información que deben cumplir la propiedad de *transitividad*, que implica que al decodificar la información se transforme en un registro que no pierda, ni deforme, la información de la realidad representada (Anguera y Blanco, 2011). Anguera et al. (1993, p. 613) define el registro como una:

«Una transcripción de la representación de la realidad por parte del observador mediante la utilización de códigos determinados y que se materializa en un soporte físico que garantiza su prevalencia. El término registro suele usarse para hacer referencia tanto al proceso por el que se obtienen los datos como al producto final, es decir, al conjunto de anotaciones almacenadas».

Anguera, Blanco, Losada y Hernández Mendo (2000, p.2), afirman que:

«El registro de la conducta es una forma de recogida de datos que en observación directa es, por naturaleza, cualitativo. Fuera del marco de la metodología cualitativa queda desnaturalizado el concepto de metodología observacional, ya que no serían posibles las operaciones que la sustentan, del mismo modo que es de justicia constatar claramente que el control de la calidad del dato y el análisis posterior de dicho dato requerirá de la contribución de «lo» cuantitativo».

La cuantificación y evaluación cualitativa de los aspectos del rendimiento son necesarios en la investigación del análisis deportivo. Para la toma de datos, lo mejor es consultar con expertos (p.e. entrenadores), y asegurarse que el sistema de análisis ha sido diseñado previamente. El primer paso sería crear una estructura lógica del mismo, es decir, definir las acciones que tienen lugar durante el juego y su vinculación con el resultado (Hughes & Franks, 2004).

Areces y Vales (1996) realizan una propuesta organizativa para el análisis de los deportes de equipo considerando un tipo de estudio cualitativo-cuantitativo (mixtos), ya que además de tratar de identificar conductas y comportamientos manifestados por el equipo y/o el jugador en el transcurso de la competición (componente cualitativo), registran generalmente en términos estadísticos el volumen, frecuencia y distribución de los mismos (componente cuantitativo).

Como ejemplo de análisis del juego en balonmano, se detalla el proceso de análisis llevado a cabo por el equipo técnico responsable de la preparación de la Selección Española de Balonmano (Antón, 2000). Realizaron un estudio detallado de los propios jugadores y de los rivales respectivos para afrontar con garantías su trabajo. El proceso que llevaron a cabo para realizar el análisis se observa en la Figura 2.5, de modo que la información recogida pudiera utilizarse con diferentes propósitos:

- Conocimiento de resultados inmediato.
- Desarrollo progresivo de una base de datos.
- Comprobación de áreas o factores del juego que deben ser mejorados.
- Como una parte del proceso de evaluación del equipo técnico.
- Como mecanismo selectivo para rastrear a través del vídeo determinadas partes o períodos del juego.

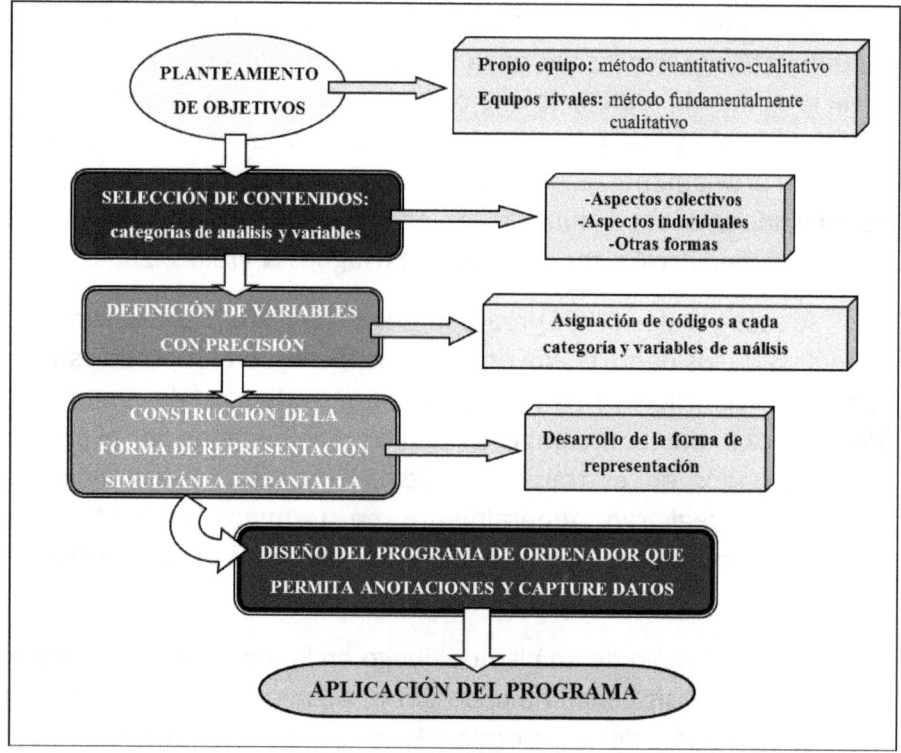

Figura 2.5. *Proceso de aplicación del análisis del juego (modificado de Antón, 2000).*

REFERENCIAS

Anguera, M. T. (1988). *Observación en la escuela*. Barcelona: Editorial Graó.

Anguera, M. T., & Blanco, A. (2011). ¿Cómo se lleva a cabo un registro observacional? *Revista de Entrenamiento Deportivo, RED, Tomo XXV - Nº 1*, 23-28.

Anguera, M. T., Behar, J., Blanco, A., Carreras, M. V., Losada, J. L., Quera, V., & Riba, C. (1993). Glosario. En M. T. Anguera (Ed.), *Metodología observacional en la investigación psicológica*, Vol. II ed., (pp. 587-617). Barcelona: P.P.U.

Anguera, M. T., Blanco, A., Losada, J. L., & Hernández-Mendo, A. (2000). La metodología observacional en el deporte: Conceptos básicos. *Lecturas: Educación Física y Deportes, 24*. Extraído el 2 de marzo de 2012 de http://www.efdeportes.com/efd24b/obs.htm.

Antón, J. L. (2000). *Balonmano, perfeccionamiento e investigación*. Barcelona: Inde.

Areces, A., & Vales, A. (1996). Propuesta organizativa de las perspectivas de análisis de los deportes de equipo. *Revista de Entrenamiento Deportivo, RED, Tomo X* (Nº 3), 35-41.

Blázquez, D. (1990). *Evaluar en educación física*. Barcelona: Inde.

Borrie, A., Jonsson, G. K., & Magnusson, M. S. (2002). Temporal pattern analysis and its applicability in sport: An explanation and exemplar data. *Journal of Sports Sciences, 20*(10), 845-852.

Garganta, J. (1998). Analisar o jogo nos jogos desportivos colectivos. *Revista Horizonte, XIV (83)*, 7-14.

Garganta, J. (2000). Análisis del juego en el fútbol. El recorrido evolutivo de las concepciones, métodos e instrumentos. *Revista de Entrenamiento Deportivo, RED, Tomo XIV* (Nº 2), 5-14.

Gutiérrez, O. (2009). Análisis del rendimiento táctico en los deportes de equipo. *II Congreso Internacional de Deportes de Equipo, 9*. A Coruña.

Hughes, M. D., & Bartlett, R. M. (2002). The use of performance indicators in performance analysis. *Journal of Sports Sciences, 20*(10), 739-754.

Hughes, M., & Franks, I. (2005). Analysis of passing sequences, shots and goals in soccer. *Journal of Sports Sciences, 23*(5), 509-514.

Hughes, M., & Franks, I. (2007). *The essentials of performance analysis: An introduction*. London: Routledge.

Hughes, M., & Franks, I. M. (2004). Sports analysis. In Hughes M., & I. M. Franks (Eds.), *Notational analysis of sport*, (pp. 103-114). London: Routledge.

Lames, M., & Hansen, G. (2001). Designing observational systems to support top-level teams in game sports. *International Journal of Performance Analysis in Sport, 1*(1), 83-90.

Lees, A. (2002). Technique analysis in sports: A critical review. *Journal of Sports Sciences*, (20), 813-828.

Sierra, R. (2008). *Técnicas de investigación social. Teoría y ejercicios*. (Decimocuarta ed.). Madrid: Thomson Editores Spain Paraninfo.

CAPÍTULO 6.
La observación en el Análisis del Juego

1. LA METODOLOGÍA OBSERVACIONAL.

La metodología observacional contribuye desde un punto de vista empírico inductivo con avances en el estudio del comportamiento de los jugadores en los eventos deportivos y todo ello en un entorno natural (Jiménez, 2005). De igual forma, es considerada en la actualidad como un procedimiento científico el cual permite el registro de conductas perceptibles en contextos naturales mediante un instrumento elaborado específicamente y utilizando los parámetros adecuados (Anguera y Hernández-Mendo, 2013).

La metodología observacional consiste en un procedimiento científico que en función de los objetivos, pone de manifiesto la ocurrencia de conductas perceptibles, para proceder a su registro organizado mediante un instrumento elaborado específicamente (Anguera & Hernández-Mendo, 2013). Anguera (1988, p.7) define la metodología observacional como:

> «Un procedimiento encaminado a articular una percepción deliberada de la realidad manifiesta con su adecuada interpretación, captando su significado, de forma que mediante un registro objetivo, sistemático y específico de la conducta generada de forma espontánea en un determinado contexto, y una vez se ha sometido a una adecuada codificación y análisis, nos proporcione resultados válidos dentro de un marco específico de conocimiento».

Su aplicación en la investigación y en los deportes de equipo como balonmano, está ampliamente demostrada (Daza, 2009; Gutiérrez, 2006; Lozano & Camerino, 2012; Montoya, 2010; Prudente, Garganta, & Anguera, 2004; Santos et al., 2009). Las diferentes variables inherentes a la propia competición, la interacción que se produce entre ellas y la dificultad en el control de las variables contextuales, que suelen variar según la situación, exigen el uso de la metodología observacional (Mendo, Anguera, & Santos, 2005).

2. LA OBSERVACIÓN EN EL ANÁLISIS DEL BALONMANO.

La utilización de la observación como fuente de recogida de información es cada vez un recurso más utilizado y más valorado en el ámbito del deporte, y un elemento determinante en la búsqueda de la optimización del rendimiento de los jugadores y equipos (Garganta, 2000). La observación sistemática es un método de investigación complejo que requiere que el observador desempeñe un conjunto de funciones y recurra a diversos medios, entre ellos los cinco sentidos. Por lo tanto, la investigación observacional se caracteriza por la formación especializada de los observadores, respetando el "qué", "cómo" y "cuándo" observar (Baker, 2006).

Contreras y Ortega (2000), defienden dos formas distintas de realizar la observación: en situación de competición o en entrenamiento. La observación en competición trata de obtener, analizar y aportar datos relevantes al entrenador con el fin de mejorar el rendimiento del equipo. Los entrenadores deben tomar decisiones técnicas y tácticas basadas en su intuición y su experiencia, pero sin el apoyo de datos objetivos Lo ideal sería poder obtener información en tiempo real de lo que está sucediendo en el juego, para facilitar la toma de decisiones del entrenador (Ibáñez, Pérez, & Macías, 2003). La selección de las unidades de observación es un aspecto central en la investigación observacional y determina en gran medida el éxito del estudio, facilitando la toma de decisiones (Anguera, 1994). Bacconi y Marella (1995), citado en Ortega (1999), consideran que mediante la observación del juego se registran datos del partido en tiempo real, y que en cuanto al análisis del juego, se recogen y analizan datos en tiempo diferido. Dichos autores desarrollan un sistema informático modular que permite, en tiempo real, catalogar, cruzar y elaborar informaciones técnicas y tácticas.

La observación directa es uno de los métodos más empleado para el análisis de las acciones del juego, ya que ayuda a percibir y analizar mejor las relaciones que suceden dentro del juego (Silva,

Sánchez, Garganta & Anguera, 2005). Cuando se realiza un análisis del rendimiento de un equipo o de un jugador es posible tener en cuenta numerosas variables. La concreción de las mismas dependerá de diversos factores, como pueden ser los medios técnicos y humanos disponibles para la recogida y análisis de los datos, el momento de evaluación (si se quiere hacer en tiempo real o post-partido, el objetivo del análisis, etc...).

3. ESTUDIOS OBSERVACIONALES EN BALONMANO.

Son numerosas las investigaciones desarrolladas en el ámbito del balonmano que utilizan la metodología observacional como la herramienta más adecuada para el análisis del juego. Daza (2009), en su tesis doctoral, identificó las habilidades del pivote analizando sus características aptitudinales y sus acciones de juego en la alta competición. Para conocer estas habilidades utilizó dos técnicas de recopilación de datos: la entrevista a entrenadores expertos y la observación de la competición de diferentes pivotes. El autor diseño un instrumento observacional específico para registrar los datos sobre la actividad del jugador. Dicha observación se ajustó a las situacionales reales de juego, permitiendo obtener información en un contexto real.

González (2012), analizó la eficacia del contraataque, valorando la influencia de los factores que condicionaban el rendimiento de esta fase de juego. Montoya (2010) también en su tesis doctoral, utilizó la metodología observacional mediante una herramienta *ad hoc* para determinar la relación entre las finalizaciones de los jugadores extremos y el resultado del partido en los JJOO de Pekín 2008. Comprobó si los goles conseguidos por los extremos variaban en función del momento del partido, el marcador, la fase de ataque, el sistema defensivo del rival o la situación numérica ofensiva. Morgado (2012), elaboró un instrumento de observación formado por un sistema de categorías y un formato de campo. Su objetivo fundamental fue la búsqueda de los factores de eficacia táctica en el ataque organizado en balonmano mediante la identificación y verificación de la eficacia en competición de las acciones de pre-finalización utilizadas en la construcción de las situaciones de finalización.

Por su parte, Gutiérrez, Fernández, y Borrás (2010a) aplicaron también la metodología observacional para comprobar la influencia de las acciones ofensivas en el resultado final en situación de desigualdad numérica. Lasierra (1993) publicó una serie de propuestas generales de observación y análisis de las acciones de juego tomando como referencia el análisis de las prácticas de cooperación-oposición. Analizó las interacciones motrices en el balonmano, dentro de su estructura funcional, con el objetivo de facilitar la definición de toda situación motriz codificada y reglamentada. Prudente, Garganta, y Anguera (2004), definieron los pasos a seguir en la etapa preliminar de la elaboraron de un sistema de observación *ah hoc* para el balonmano. Mediante el sistema de observación recogieron aspectos fundamentales del juego, referidos al análisis del portero, al rendimiento defensivo, al desarrollo de la secuencia ofensiva y a aspectos relacionados con la finalización. Todos ellos podían ser utilizados para estudiar el rendimiento individual y de los equipos en cada uno de los partidos. Dicho sistema fue desarrollado ampliamente por Prudente (2006) para analizar el rendimiento táctico-técnico en el balonmano.

Muchos han sido los estudios realizados por autores portugueses en el análisis de juego en balonmano en el ámbito técnico-táctico basados en las fases del proceso de investigación a partir de la Metodología Observacional propuesta por Anguera et al. (2000): Dias dos Santos (2012), Gonçalves (2010), Lima (2008), Ribeiro (2005), Rocha-Santos (2004), Silva (2008), Sousa (2010). Por ejemplo, Gonçalves (2010), utilizó la metodología observacional para caracterizar el proceso ofensivo en equipos femeninos de balonmano de alta competición, realizando un análisis de patrones secuenciales de conductas. Dias dos Santos (2012), mediante la construcción de un instrumento de observación, categorizó las conductas del jugador en el puesto de pivote, para analizar y describir sus patrones secuenciales de conducta de éxito en equipos de alto nivel. Rocha-Santos (2004), analizó las tendencias de juego del balonmano basándose en el análisis del rendimiento táctico ofensivo y defensivo de los equipos finalistas de Campeonatos del Mundo y Juegos Olímpicos. Sousa (2010), analizó el comportamiento defensivo de equipos femeninos en etapas de formación utilizando un instrumento de observación, mediante la elaboración y validación de un cuestionario aplicado a los entrenadores.

Otros estudios en el análisis del rendimiento en balonmano se realizan a partir de la observación en competición y en contextos naturales, permitiendo realizar un análisis de la interacción entre los comportamientos de jugadores y equipos. En este sentido, y utilizando una metodología observacional, a través de un instrumento de observación, se realizan análisis secuenciales en función de la interacción de las diferentes variables que conforman el juego.

Por ejemplo, Prudente, Garganta, y Anguera (2003), mediante un análisis secuencial retrospectivo, registraron la evolución del contraataque, en cuanto a método de juego ofensivo, analizando la frecuencia con que se producía y su eficacia. Salesa (2009) analizó la influencia del trabajo por objetivos en la disminución del número de errores en ataque en balonmano en categorías en formación. Utilizando también el análisis secuencial, Salas (2007) realiza un análisis de la acción del contraataque en balonmano; y Freitas (2007), un análisis de las acciones ofensivas de la selección campeona del mundo del 2007. Pedro y Volossovitch (2004), analizaron la frecuencia de utilización del contraataque, definiendo las características de su desarrollo, utilizando como programa informático de análisis de imagen el *SportsCode 3.1.6* para Macintosh. Prudente (2006), pretendió determinar patrones secuenciales realizados por los equipos, analizando la utilización de medios tácticos ofensivos, la acción del portero en relación al lanzador y al defensor y las diferentes interrupciones durante el partido. Santos et al. (2009), analizaron el rendimiento del jugador pivote en diferentes campeonatos desde una dimensión cualitativa, mediante la identificación secuencial de patrones de conducta, utilizando un instrumento de observación *ad hoc* combinando formato de campos y sistemas de categorías.

Se han realizado otros estudios a partir del desarrollo de herramientas de observación implementadas bajo un soporte tecnológico. Gutiérrez (2006), realiza un sistema de observación del rendimiento táctico estableciendo un modelo de evaluación táctico aplicado al balonmano a través de los coeficientes de eficacia. Diseñó y utilizó una herramienta informática a la cual denominó *Sortabal V.1.0* con la que realizó la recogida de datos para la valoración del rendimiento táctico.

Martín, Cavalcanti, Chirosa, y Aguilar (2011), desarrollaron un sistema de observación a través del desarrollo de un programa informático denominado *Protodeba V1.0*. El programa permitía observar los comportamientos de los jugadores en tres categorías observacionales: la ubicación del jugador, las acciones de desplazamiento y las acciones de finalización.

Así mismo, Lozano y Camerino (2012), construyeron un sistema de observación multidimensional con criterios y categorías de las acciones ofensivas que se producían en el balonmano de alto nivel. El instrumento de observación *ad hoc* desarrollado para el estudio fue el *Sistema Observación del Balonmano (SOBM-2)*, elaborado para conocer la influencia de las variables que intervenían en la eficacia ofensiva. Valoraron la utilización de los sistemas tácticos en ataque posicional (estructurados y no estructurados) y en contraataque, teniendo en cuenta el tipo de defensa, la superioridad o inferioridad numérica (simetría o asimetría de jugadores) y el orden de secuencia ofensiva.

REFERENCIAS

Anguera, M. T. (1988). *Observación en la escuela*. Barcelona: Editorial Graó.

Anguera, M. T. (1994). Metodología observacional en evaluación conductual. En R. Fernández-Ballesteros (Ed.), *Evaluación conductual hoy* (pp. 197-236). Madrid: Pirámide.

Anguera, M. T., & Hernández-Mendo, A. (2013). La metodología observacional en el ámbito del deporte. *E-Balonmano.Com: Revista de Ciencias del Deporte, 9*(3), 135-161.

Anguera, M. T., Blanco, A., Losada, J. L., & Hernández-Mendo, A. (2000). La metodología observacional en el deporte: Conceptos básicos. *Lecturas: Educación Física y Deportes, 24*. Extraído el 2 de marzo de 2012 de http://www.efdeportes.com/efd24b/obs.htm.

Bacconi, A., & Marella, M. (1995). Nuovo sistema di analisi della partita in tempo reale. *Preparazione Atletica, Analisi e Riabilitazione nel Calcio. 1º Convegno Nazionale AIPAC Cittá Di Castelo: Nuova Prhomos,* 17-28.

Baker, L. (2006). Observation: A complex method. *Library Trends, 55*(1), 171-189.

Contreras, M., & Ortega, J. (2000). La observación en los deportes de equipo. *Lecturas Educación Física y Deportes, Revista Digital, 18.*

Daza, G. (2009). *Las habilidades del pivote en la alta competición del balonmano.* Tesis doctoral, Institut Nacional D´Educació Física, Universitat de Barcelona, Barcelona.

Dias dos Santos, F. (2012). *O jugador pivot no jogo de andebol: Análise da sua actividade no proceso ofensivo das selecções nacionais masculinas no Campeonato Mundial 2007, Campeonato Europeo e Jogos Olímpicos 2008.* Tesis doctoral, Facultade de Ciencias do Deporte e a Educación Física, Universidade da Coruña, A Coruña.

Freitas, O. (2007). *Metodología observacional no andebol - Análise ás acções ofensivas da selecção ampeã do mundo 2007.* Tese de Mestrado não publicada, UTAD, Vila Real.

Garganta, J. (2000). Análisis del juego en el fútbol. El recorrido evolutivo de las concepciones, métodos e instrumentos. *Revista de Entrenamiento Deportivo, RED, Tomo XIV* (Nº 2), 5-14.

Gonçalves, S. (2010). *O ataque em sistema em equipas femininas de andebol de alto nível – um estudo realizado com equipas participantes nos jogos olímpicos de pequim em 2008, com recurso á análise sequencial.* Dissertação de Mestrado, Facultade de Ciencias do Desporto e de Educação Física, Universidade do Porto, Porto.

González, A. (2012). *Análisis de la eficacia del contraataque en balonmano como elemento de rendimiento deportivo.* Tesis doctoral, Facultad de Ciencias de la Actividad Física y el Deporte, Universidad de León, León.

Gutiérrez, O. (2006). *Valoración del rendimiento táctico en balonmano a través de los coeficientes de eficacia. Aplicación del software Sortabal V1.0.* Tesis doctoral no publicada, Universidad Miguel Hernández, Elche.

Gutiérrez, O., Fernández, J. J., & Borrás, F. (2010a). Uso de la eficacia de las situaciones de juego en desigualdad numérica en balonmano como valor predictivo del resultado final del partido. *E-Balonmano.Com: Revista de Ciencias del Deporte, 6*(2), 67-77.

Ibáñez, J., Pérez, M. A., & Macías, M. (2003). Software for the basketball player´s evaluation in real time. *Internacional Journal of Performance Analysis in Sport, 3*(2), 145-155.

Jiménez, J. (2005). Técnicas de observación, establecimiento de metas y preparación de partidos en el balonmano de alto rendimiento. *Jornadas Internacionales de Balonmano. Instituto Andaluz del Deporte,* Málaga.

Lasierra, G. (1993). Análisis de la interacción motriz en los deportes de equipo. Aplicación de los universales ludomotores al balonmano. *Apunts. Educación Física y Deportes, 32*, 37-53.

Lima, L. (2008). *Análise do jogo em andebol: Estudo do proceso defensivo da equipa de espanha no campeonato do mundo de 2005.* Dissertação de Mestrado apresentada á Facultade de Desporto e de Educação Física, Universidade do Porto, Porto.

Lozano, D., & Camerino, O. (2012). Eficacia de los sistemas ofensivos en balonmano. *Apunts. Educación Física y Deportes, 2*(108), 66-77.

Martín, I., Cavalcanti, L.A., Chirosa, L.J. Aguilar, J. (2011). El programa PROTODEBA v.1.0. Una proposta per a l´observació de la presa de decisions en hándbol. *Apunts. Educación Física y Deportes, 104*(2º trimestre), 80-87.

Mendo, G., Anguera, M. T., & Santos, R. (2005). Desarrollo y optimización de una herramienta observacional en el tenis de individuales. *Psicothema, 17*(1), 123-127.

Montoya, M. (2010). *Análisis de las finalizaciones de los jugadores extremo en balonmano.* Tesis doctoral, Instituto Nacional de Educación Física de Cataluña. Universidad de Barcelona, Barcelona.

Morgado, A. P. (2012). *Análisis de los factores de eficacia de las acciones de pre-finalización y finalización en ataque organizado en el balonmano de alto nivel.* Tesis doctoral, Facultad Ciencias del Deporte, Universidad de Castilla la Mancha, Toledo.

Ortega, J. P. (1999). Evolución de los instrumentos y métodos de observación en fútbol. *Lecturas: Educación Física y Deportes, 17.* Extraído el 24 de marzo de 2012 de http://www.efdeportes.com/efd17a/evalfut.htm.

Pedro, J., & Volossovitch, A. (2004). Particularidades da organização do contra-ataque no andebol portugúes de alto rendimiento. *Revista Portuguesa de Ciências do Desporto, 4*(2), 197-198.

Prudente, J. (2006). *Análise da performance táctico-técnica no andebol de alto nível. estudo das acções ofensivas com recurso à análise sequencial.* Tesis de doutoramento, Universidade de Madeira, Funchal, Portugal.

Prudente, J., Garganta, J., & Anguera, M. T. (2004). Desenho e validação de um sistema de observação no andebol. *Revista Portuguesa de Ciências do Desporto, 4*(3), 49-65.

Prudente, J., Garganta, J., Anguera, T. (2003). Caracterização do contra-ataque durante o Campeonato da Europa de Andebol de 2002, com recurso à análise sequencial. *Revista Portuguesa de Ciências do Desporto, 4*(2), 39-43.

Ribeiro, S. F. (2005). *Análise do jogo de andebol: Sistema ofensivo e suas transformações.* Dissertação de Doutoramento apresentada á Facultade de Ciências do Desporto e de Educação Física, Universidade do Porto, Porto.

Rocha-Santos, L. (2004). *Tendências evolutivas do jogo de andebol: Estudo centrado na análise da perfomance táctica de equipas finalistas em campeonatos do mundo e jogos olímpicos.* Dissertação de Doutoramento apresentada á Facultade de Ciencias do Desporto e de Educação Física, Universidade do Porto, Porto.

Salas, J. (2007). *Observación y análisis de la acción de contraataque en balonmano.* Tesis doctoral, Universidad de Málaga, Málaga.

Salesa, R. (2009). Análisis de la eficacia en ataque en balonmano: Influencia del establecimiento de objetivos. *Tesis Doctorales. Apunts Educación Física y Deportes, 96,* 111.

Santos, F. M., Fernandez, J., Oliveira, M. C., Leitão, C., Anguera, M. T., & Campaniço, J. (2009). The pivot player in handball and patterns detection – Instrument. *Motricidade, Fundação Técnica e Científica do Desporto, 5*(3), 29-36.

Silva, A., Sánchez, F., Garganta, J., & Anguera, M. T. (2005). Patrones de juego en el fútbol de alto rendimiento. Análisis secuencial del proceso ofensivo en el Campeonato del Mundo Corea- Japón 2002. *Cultura, Ciencia y Deporte., 1*(2), 65-72.

Silva, J. (2008). *Modelação táctica do proceso ofensivo em andebol: Estudo de situações de igualdade numérica, 7 vs 7, com recurso á análise sequencial.* Dissertação de Doutoramento apresentada á Facultade de Desporto e de Educação Física, Universidade do Porto, Porto.

Sousa, D. F. (2010). *A formação de jogoras de andebol na associação de andebol da madeira. Estudo comparativo dos comportamentos na defesa, no treino e na competição, nos escalões de iniciados e juvenis femininos.* Dissertação de Mestrado, Facultade de Desporto da Universidade da Madeira.

BLOQUE III
ANÁLISIS DEL RENDIMIENTO DEPORTIVO EN BALONMANO

CAPÍTULO 7.
Indicadores de rendimiento en el Análisis del Juego

El análisis del rendimiento busca la objetivación de la realidad competitiva por medio de un proceso de abstracción que la transforma en una serie de parámetros que intentan representar sus características esenciales (O'Donoghue, 2010). Hughes y Franks (2004) afirman que aunque hay muchas facetas del rendimiento de un equipo que pueden ser analizadas, sólo existe un conjunto limitado de elementos prioritarios que proporcionan una función útil de cara a mejorar el rendimiento.

McGarry, Anderson, Wallace, Hughes y Franks (2002) hicieron hincapié en la importancia del uso de los indicadores de rendimiento en el análisis observacional, y de igual forma, estos deberían ser enmarcados en un contexto y un tiempo determinado teniendo en cuenta la interacción entre las diferentes acciones de los jugadores. Así mismo, el conocimiento de la importancia relativa de los indicadores de rendimiento de equipo, puede ayudar a determinar la estrategia y la táctica del equipo (Petersen, Pyne, Portus, Cordy y Dawson, 2008).

1. DEFINICIÓN DE INDICADOR DE RENDIMIENTO.

Los indicadores de rendimiento son definidos según Hughes y Bartlett (2002), como una selección o combinación de variables de acción que definen aspectos del rendimiento y ayudan a lograr el éxito deportivo. Según dichos autores, analistas y entrenadores utilizan los indicadores de rendimiento para comparar el rendimiento de sus jugadores o equipos con el resto. Así pues, el término indicador de rendimiento no es aplicable a cualquier variable sino sólo a aquellas que se han constatado como medidas válidas de un aspecto importante del rendimiento y que, a su vez, poseen un procedimiento de medición objetivo, una escala de medida conocida y una interpretación adecuada (O´Donoghue, 2010).

Según Vales, Areces, Blanco y Arce (2011), los indicadores de rendimiento se definen como una forma concentrada de información, en torno a un valor numérico, que permite hacer valoraciones acerca del carácter y relevancia de ciertos acontecimientos significativos del juego. O´Shaughnessy (2006) destaca que su aplicación al análisis del juego ayudará a concretar las variables de las que depende el éxito deportivo de equipos y jugadores.

Karipidis, Fotinakis, Taxildaris y Fatouros (2001) proponen que el estudio de los indicadores de rendimiento puede realizarse de forma Estática, a partir de las estadísticas de juego, o de forma Dinámica, observando la evolución de los comportamientos de los deportistas y de los equipos.

Se pueden definir otras variables secundarias a partir de los datos aportados por la competición, como las posesiones de balón o los coeficientes de eficacia ofensivo y defensivo, que computadas como proporciones relativas de las acciones decisivas, pueden resultar mejores predictores del éxito o la derrota que las variables primarias (Drikos, Kountouris, Laios A. y Laios Y., 2009). En base a esta clasificación, existen estudios que analizan el *producto del juego* utilizando las estadísticas oficiales de la competición (Ibáñez, Lozano y Martínez, 2001), y estudios que analizan el *proceso del juego*, sobre las acciones específicas de cada deporte, observadas en contextos reales de juego (Ibáñez, García, Feu, Parejo y Cañadas, 2009).

Para Garganta (2009) la mejor estrategia es agrupar los indicadores que sean capaces de describir los principales acontecimientos del juego, teniendo en consideración la oposición y la cooperación entre los jugadores los equipos, más allá del análisis de los datos. Los indicadores de rendimiento no son un instrumento perfecto por ellos mismos, y tienen una serie de desventajas que habría que tener presentes:

- Jugar contra el mismo equipo en sistema de liga como local y como visitante (Lago, Casáis, Domínguez, Lago y Rey, 2009).
- Jugar en un sistema de eliminación clásica ante un rival significa no volver a enfrentarse con él hasta el próximo torneo (McGarry y Franks, 2003).
- El máximo indicador de éxito es el gol, sin embargo, a veces un empate, una victoria o una derrota pueden esconder una clara superioridad en el juego de un conjunto frente a otro que no se refleja en el resultado final (Lago, 2005).

El rendimiento deportivo es una comparación entre el valor previsto y el real, y entre las mejoras verificadas en entrenamiento y competiciones complementarias y el porcentaje de éstas expresado en las competiciones principales (Lago y Martín Acero, 2005). Dichos rendimientos son siempre relativos. Los mismos indicadores de rendimiento pueden tener una potencia explicativa muy diferente para dos equipos distintos o para un mismo conjunto en dos momentos de la competición.

2. TIPOS DE INDICADORES DE RENDIMIENTO.

Atendiendo a una clasificación desde el punto de vista cuantitativo/cualitativo, Hughes y Bartlett (2002), clasifican a los indicadores de rendimiento como: *Indicadores de puntuación* (goles, canastas, lanzamientos, etc...), e *Indicadores de la calidad del rendimiento* (pases, posesiones, etc...). Los primeros dan una idea de la cantidad de las conductas y de sus resultados. Los segundos expresarían las características (espaciales, temporales y modales) de la conducta y resultados mencionados, o las condiciones en las que tienen lugar (nivel de oposición, tipo de competición, condición de local/visitante, etc...). Ambos indicadores son usados como medida de aspectos positivos o negativos del rendimiento en el análisis de un deporte, ya que si se presentasen los datos de forma aislada podrían dar una imagen distorsionada del rendimiento.

Es tarea del investigador que los indicadores de rendimiento en la investigación del Análisis del Rendimiento Deportivo se adapten a las características del contexto deportivo estudiado y a los objetivos de la investigación. De igual manera, su aplicación al análisis del juego ayudará a concretar las variables de las que depende el éxito deportivo de equipos y jugadores. Hughes y Bartlett (2002) categorizan los indicadores de rendimiento de investigaciones previas, comunes a diferentes deportes, tomando como punto de partida la clasificación formal de los deportes de Read y Edwards (1992):

- Indicadores de *Clasificación del partido*: Compara los datos entre los oponentes y los datos de los compañeros.
- Indicadores *Biomecánicos*: Compara el rendimiento previo del deportista y del equipo, con los oponentes y modelos similares.
- Indicadores *Técnicos y Tácticos*: Entendidos como las variables de acción y presentados según la frecuencia de todas las acciones, ya sean en bruto o filtradas.

Prudente (2006), tomando como ejemplo dicha clasificación referida a los deportes colectivos o juegos de invasión, realiza otra clasificación de indicadores de rendimiento similar para el balonmano (véase Tabla 1.7).

Tabla 1.7. *Categorización de diferentes indicadores de rendimiento que fueron utilizados en el análisis del balonmano (modificado de Prudente, 2006).*

Clasificación del partido	- Resultado final - Resultados parciales - Número total de lanzamientos - Lanzamientos de contraataque - Número de ataques - Número de contra-ataques - Número de 7m provocados - Número de 7m realizados - Número de exclusiones
Biomecánicos	- Cinesiología del lanzamiento en suspensión - Análisis biomecánico del lanzamiento en apoyo - Análisis biomecánico del lanzamiento en suspensió en carrera - Velocidad del balón en el lanzamiento

Técnicos	▸ Pases fallados ▸ Faltas en ataque cometidas ▸ Pérdidas de balón ▸ Blocajes ▸ Lanzamientos fuera ▸ Lanzamientos parados por el portero ▸ Gestos técnicos del portero ▸ Tipo de lanzamientos
Tácticos	▸ Duración del ataque ▸ Zonas de finalización ▸ Eficacia del lanzamiento en ataque organizado ▸ Eficacia del lanzamiento de contraataque ▸ Acciones técnico-tácticas utilizadas ▸ Modo y lugar de inicio de la secuencia ofensiva ▸ Eficacia de ataque/defensa en diferentes relaciones numéricas ▸ Eficacia del portero

3. ANÁLISIS DE LA EFICACIA OFENSIVA Y DEFENSIVA EN BALONMANO.

Hay que diferenciar el concepto de eficiencia en las acciones de juego con el concepto de eficacia. Gouvêa (2004) define eficiencia como una acción ejecutada con una técnica correcta, y estrechamente relacionada con los aspectos fisiológicos del movimiento, haciendo referencia a la economía del movimiento. El concepto de la eficacia se encuentra vinculado al resultado final de las acciones y es definido como una acción cuyo resultado es un acierto, pero no necesariamente con eficiencia (Morante, 2009).

Una forma de control del rendimiento técnico-táctico en deportes colectivos se basa en analizar la eficacia. Para Gayoso (1983) es el resultado de las acciones correctamente ejecutadas dentro de una cantidad de intentos o ensayos.

$$\text{EFICACIA} = \frac{N^{\underline{o}} \text{ de acciones correctas} \times 100}{N^{\underline{o}} \text{ total de acciones realizadas}}$$

Existen diversos estudios sobre los patrones de eficacia dentro de deportes colectivos (Ibáñez, García, Feu, Parejo y Cañadas, 2009; Palao, Santos y Ureña, 2004; Ureña, 1998; Sucunza, 2005) y sobre indicadores decisivos para el éxito final (Sampaio, 1998). Otras investigaciones desde un punto de vista táctico son Argudo (2000) en waterpolo, o Gutiérrez (2006) en balonmano.

Numerosas variables (físicas, psicológicas y técnico-tácticas) influyen en el rendimiento individual y colectivo de los deportes colectivos. La eficacia en el desarrollo de los elementos tácticos en ataque y en defensa depende en gran medida de las características antropológicas, sobre todo las cognitivas, y las capacidades motoras y funcionales. Por tanto, la identificación de estos parámetros tácticos, que definen la eficacia en el balonmano, resulta de gran interés en la práctica del entrenamiento (Rogulj, Srhoj y Srhoj, 2004). Llevar a cabo un registro de los indicadores de eficacia permite a los entrenadores realizar correcciones de los errores técnico-tácticos en el proceso de entrenamiento (Trninić, Papić y Trninić, 2010). El objetivo básico de la preparación de los deportes de equipo consistente en la búsqueda de la eficacia de cada jugador durante la competición (Trninić, Papić y Trininić, 2009).

Para analizar el rendimiento táctico de un equipo es imprescindible cuantificar la observación analizando los datos registrados. Gutiérrez (2003, 2004), con la finalidad de darle mayor objetividad propone la cuantificación a partir de los índices y coeficientes de eficacia. Basándose en las aportaciones de Sarmento y Magalhaes (1991), Lloret (1994) y Argudo (2000), plantea una valoración del juego táctico mediante los coeficientes de eficacia mediante un proceso de aplicación (véase Figura 1.7).

En balonmano, el resultado de los equipos viene determinado por el éxito en las acciones de lanzamiento sobre la portería rival y por el grado de eficacia demostrado en la defensa de las acciones ofensivas del equipo contrario (Pascual, Lago, y Casáis, 2010). Por otra parte, el portero es el jugador que más contribuye a la eficacia del juego (Rogulj, 2000). A diferencia de otros jugadores, el portero tiene una influencia inmediata en el resultado del lanzamiento del oponente (Rogulj, 2009).

Existen estudios que analizan las variables que contribuyen a la eficacia del equipo que ataca (Lozano y Camerino, 2012; Călin, 2010; Yamada, Aida, Fujimoto, y Nakagawa, 2014) y otros que valoran la eficacia defensiva y las variables que influyen en su consecución (Balint y Curiţianu, 2012; Gutiérrez, Férez, Fernández, y Sánchez, 2006). La utilización de los indicadores de juego, sirven para evaluar la eficacia del balonmano tanto individual como colectivamente. Por eso es importante reconocer los indicadores eficaces para conseguir mejores resultados ofensivos y defensivos (Vuleta, Sporiš, Purgar, Herceg, y Milanović, 2012).

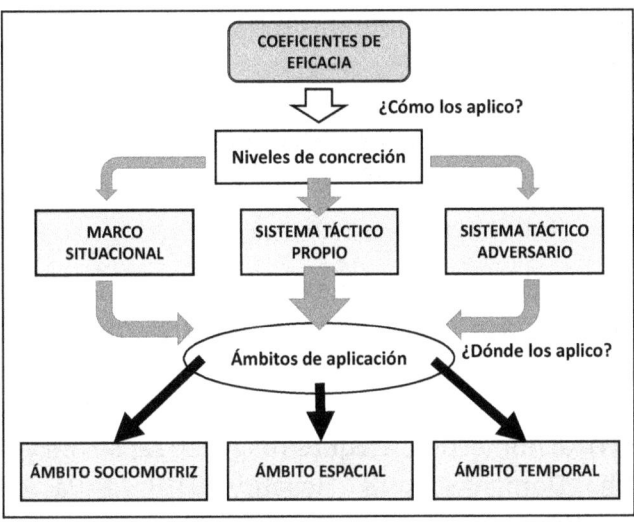

Figura 1.7. *Proceso de aplicación de los coeficientes de eficacia (modificado de Gutiérrez, 2006).*

Hay que tener en cuenta que el juego de ataque permite un análisis de la acción con balón y este debe ser estructurado hacia la consecución del objetivo motor del juego: el gol (Hernández-Moreno & Rodríguez, 2004). Un gol marcado, siendo este el principal objetivo del ataque, es el resultado de un total de acciones individuales de los jugadores, de un grupo o del equipo completo realizadas durante el juego en ataque (Gruić et al., 2006). De acuerdo, a las reglas del juego, es el único elemento que se le asigna un valor numérico, define la participación de ambos equipos y se refleja directamente en el resultado final del partido (Rogulj, 2000; Vuleta, Gruić, & Ohnjec, 2005a).

Por otra parte, otros autores consideran como una acción ofensiva eficaz o con éxito aquella en la que se logra gol, 7 metros a favor del equipo que ataca, exclusión de 2 minutos para algunos de los defensores o cualquier combinación anterior (J.A. García, Aniz, Arellano, Domínguez, & T. García, 2004; García et al., 2006; Gutiérrez, 1998).

Dentro del análisis del juego existen dos líneas de estudio diferenciadas: una que analiza el resultado final del partido (análisis del producto), y la diferencia de goles, es decir, la diferencia entre equipos ganadores y perdedores y las variables de rendimiento que influyen en este resultado; y otra línea que analiza el proceso (análisis del proceso), es decir, el resultado de cada secuencia de juego y las variables que intervienen en esa eficacia.

En función de este aspecto existen estudios relacionados con la eficacia en relación a los elementos tácticos colectivos (Prudente, 2006; Rogulj et al., 2004; Srhoj & Rogulj, 2009), al marco situacional (Gutiérrez, Fernández, & Borrás, 2010b; Skarbalius, Strielciunas, & Purvys, 2004), al número de ataques (Bilge, 2012; Sevim y Bilge, 2007; Volossovitch, Dúmangane, & Rosati, 2010), a la eficacia del lanzamiento (Hergeirsson, 2008; Pollany, 2008; Taborsky, Kovacs, & Pollany, 2002), al tipo de lanzamiento (Vuleta, Milanović, & Sertić, 2003), a las zonas de lanzamiento (Gruić et al., 2006, Meletakos, Vagenas, & Bayios, 2011; Ohnjec, Vuleta, Milanović, & Gruić, 2008) o al nivel de los equipos (Belčić & Sporiš, 2012; Pokrajac, 2008; Taborsky, 2008).

Latiskevits (1991), considera como factores que influyen en la eficacia del juego de ataque el ritmo de las interacciones de los atacantes, la longitud de la serie de acciones consecutivas de los atacantes, y la continuidad, variedad y complejidad de las acciones realizadas. Meletakos et al. (2011), evalúan la importancia relativa de los indicadores de rendimiento en el alto nivel de balonmano actual. A través del análisis de las acciones ofensivas demostraron una fuerte correlación entre las acciones ofensivas en 6 y 9 metros. La eficacia en las acciones de lanzamiento es un indicador significativo en el análisis ofensivo de un equipo.

Por otra parte, Varejão (2004) con una muestra de equipos del Campeonato del Mundo de 2003 realiza un análisis de factores que influyen en el resultado final de la secuencia ofensiva (gol o no) como por ejemplo la distancia y velocidad del pase de contraataque, la recuperación, el número de jugadores, el número de pases realizado, la zona de finalización de las acciones, la forma de finalización y la duración de los ataques.

Pokrajak (2008) afirma que en el balonmano de alto nivel no existen diferencias muy evidentes entre los equipos, y que son los pequeños detalles los que hacen esa pequeña diferencia. Considera como «perfil de ganador» un equipo con una mejor eficacia de lanzamiento, porque la diferencia de goles no es demasiado grande, una buena defensa, entre 25-27 goles encajados, menos faltas, y realizar más blocajes, mientras que el número de asistencias no parece ser decisivo. En este contexto hay que saber que los manuscritos del análisis del juego de la IHF y EHF no tienen una revisión por pares, y por tanto, estos datos no se deben utilizar para estudios científicos (Wagner, Finkenzeller, Würth, & Duvillard, 2014).

La Tabla 2.7 muestra algunos ejemplos de estudios sobre las variables que influyen en la eficacia ofensiva y defensiva.

Tabla 2.7. *Síntesis de estudios relacionados con la eficacia ofensiva y defensiva en el balonmano.*

Autor	Año	Título	Indicadores de rendimiento
Yamada, Aida, Fujimoto y Nakagawa	2014	Comparison of game performance among European National Women's Handball teams	Número de ataques, eficacia del ataque, eficacia del lanzamiento, tipos de ataque, eficacia del contraataque, tipo de contraataque, zona de lanzamiento, tipo de defensa, número de defensores, tipo de lanzamiento y resultado final (gol, parada, blocaje).
Lozano y Camerino	2012	Eficacia de los sistemas ofensivos en balonmano	Tipo de defensa contraria, superioridad o inferioridad numérica, número de intentos dentro de cada posesión (nº de secuencia de ataque), y sistema ofensivo (estructurado, no estructurado y contraataque).

Autor	Año	Título	Indicadores de rendimiento
Balint y Curitianu	2012	The importance of anticipation in increasing the defense efficiency in high performance handball	7 metros recibidos y su eficacia, Número de contraataques y su eficacia, faltas técnicas en ataque, asistencias, porcentaje de éxito en las intercepciones, blocajes, cierres de líneas de penetración, errores y sanciones recibidas por los defensores
Bilge	2012	Game analysis of Olympic, World and European Championships in Men´s Handball	Número de ataques, eficacia del ataque, eficacia del lanzamiento, goles en contraataque, eficacia del contraataque, eficacia del portero, paradas del portero, pérdidas, eficacia en diferentes posiciones (extremo, pivote, 9 metros, 6 metros, contraataque y 7 metros)
Meletakos, Vagenas y Bayios	2011	A multivariate assessment of offensive performance indicators in Men´s Handball: Trends and differences in the World Championships	Porcentaje de lanzamientos, de goles y de eficacia desde 6 metros, extremo, 9 metros, 7 metros, contraataque y penetración.
Călin	2010	The analysis of the efficiency of using fastbreaks in female handball during the World Championship in China, 2009	Número de lanzamientos y goles desde 6 metros, extremo, 9 metros, 7 metros y contraataque
Rogulj, Srhorj y Srhoj	2004	The contribution of collective attack tactics in differentiating handball score efficiency	Duración, interrupciones, sistema, organización y dirección de los ataques.
Srhoj, Rogulj y Katić	2001	Influence of the attack end conduction on match result in handball	Lanzamientos y goles desde extremo derecho, 7 metros, extremo izquierdo, pivote, lateral derecho, central, lateral izquierdo, en penetración y en contraataque.

REFERENCIAS

Argudo, F. (2000). *Modelo de evaluación táctica en deportes de oposición con colaboración. Estudio práxico del waterpolo*. Tesis doctoral no publicada, Facultad de Psicología, Universidad de Valencia Estudio General, Valencia.

Balint, E., & Curiţianu, E. (2012). The importance of anticipation in increasing the defense efficiency in high performance handball. *Bulletin of the Transilvania University of Braşov, 5(54)*, (1), 103-112.

Belčić, I., & Sporiš, G. (2012). Differences between parameters of situational efficiency according to level of competition in Croatian Handball Leagues (case study). *Acta Kinesiologica, 6*(1), 39-44.

Bilge, M. (2012). Game analysis of Olympic, World and European Championships in Men´s Handball. *Journal of Human Kinetics, 35*, 109-118.

Călin, R. (2010). The analysis of the efficiency of using fastbreaks in female handball during the World Championship in China, 2009. *Ovidius University Annals, Series Physical Education and Sport/Science, Movement and Health, 2*, 594-599.

Drikos, S., Kountouris, P., Laios, A., & Laios, Y. (2009). Correlates of team performance in volleyball. *International Journal of Performance Analysis in Sport, 9*(2), 149-156.

García, J. A., Aniz, I., Arellano, I., Domínguez, J. O., & García, T. (2004). Influencia de las variables tiempo y distancia en la eficacia del juego con transformaciones en cuatro equipos de balonmano de alto nivel. Posibilidades para la aplicación en el entrenamiento. *Motricidad. European Journal of Human Movement, 12*, 79-94.

García, J. A., Aniz, I., Barbado, F. D., Arellano, J. L., Nogales, J. F., & Blázquez, M. (2006). Análisis de los parámetros espaciales en el juego de ataque de los equipos finalistas del Campeonato del Mundo de Balonmano de Portugal. *Motricidad. European Journal of Human Movement, 17*, 111-121.

Garganta, J. (2009). Trends of tactical performance analysis in team sports: bridging the gap between research, training and competition. *Revista Portuguesa de Ciências do Desporto,9*(1), 81-89.

Gayoso, F. (1983). *Fundamentos de táctica deportiva*. Madrid: Gayoso, F.

Gouvêa, F. L. (2004). *Análise das ações de jogos de voleibol e suas implicações para o treinamento técnico-táctico da categoria infanto-juvenil feminina (16 a 17 años)*. Dissertação de mestrado, Facultade de Educação Física, Universidade Estadual de Campinas, Brasil.

Gruič, I., Vuleta, D., & Milanovič, D. (2006). Performance indicators of teams at the 2003 Men's World Handball Championship in Portugal. *Kinesiology, 38*(2), 164-173.

Gutierrez, O. (1998). Los sistemas defensivos en situaciones de desigualdad numérica. *Comunicación Técnica, 164. Real Federación Española de Balonmano, Madrid.*

Gutiérrez, O. (2003). Valoración de la eficacia táctica de los jugadores de campo en balonmano. *Revista de Área de Balonmano 27, Asociación de Entrenadores de Balonmano, Madrid.*

Gutiérrez, O. (2004). SORTABAL: Sistema de observación del rendimiento táctico en balonmano. En *III Congreso de la Asociación Española de Ciencias del Deporte* (Ed.), Valencia.

Gutiérrez, O. (2006). *Valoración del rendimiento táctico en balonmano a través de los coeficientes de eficacia. Aplicación del software Sortabal V1.0.* Tesis doctoral no publicada, Universidad Miguel Hernández, Elche.

Gutiérrez, O., Férez, J. A., Fernández, J. J., & Sánchez, A. (2006). Variación de la eficacia defensiva en las situaciones asimétricas de balonmano en función del sistema de juego aplicado. En *II Congreso Internacional de Deportes de Equipo* (Ed.), Madrid.

Gutiérrez, O., Fernández, J. J., & Borrás, F. (2010b). The influence of the efficacy of actions in numerical equality in positional game in handball on the final score. *Marathon, 2*(1), 62-69.

Hergeirsson, T. (2008). Qualitative trend analysis - 8th Men´s European Handball Championship 17th-27th january in Norway. *European Handball Federation, Web Periodical,* 1-22.

Hernández-Moreno, J., & Rodríguez, J. P. (2004). *La praxiología motriz: Fundamentos y aplicaciones.* (Primera edición ed.). Barcelona: Inde.

Hughes, M. D., & Bartlett, R. M. (2002). The use of performance indicators in performance analysis. *Journal of Sports Sciences, 20*(10), 739-754.

Hughes, M., & Franks, I. M. (2004). Sports analysis. In Hughes M., & I. M. Franks (Eds.), *Notational analysis of sport,* (pp. 103-114). London: Routledge.

Ibanez, S. J., García, J., Feu, S., Parejo, I., & Cañadas, M. (2009). La eficacia del lanzamiento a canasta en la NBA: Análisis multifactorial. *Cultura, Ciencia y Deporte., 5*(10), 39-47.

Ibanez, S. J., García, J., Feu, S., Parejo, I., & Cañadas, M. (2009). La eficacia del lanzamiento a canasta en la NBA: Análisis multifactorial. *Cultura, Ciencia y Deporte., 5*(10), 39-47.

Ibáñez, S., Lozano, A., & Martínez, B. (2001). Análisis del tiro a canasta en función del tipo y valor de los lanzamientos, género y nivel de los jugadores. In F. Tavares, M. Janeira, A. Graça, D. Pinto, & E. Brandao (Eds.), *Tendências Actuais Investigação em Basquetebol,* (pp.159-172).

Karipidis, A., Fotinakis, P., Taxildaris, K., & Fatouros, J. (2001). Factors characterizing a successful performance in basketball. *Journal of Human Movement Studies, 41*(5), 385-397.

Lago, C. (2005). Ganar o perder en el fútbol de alto nivel. ¿Una cuestión de suerte? *Motricidad. European Journal of Human Movement (14):*137-152.

Lago, C. y Martín Acero, R. (2005). Análisis de variables determinantes en el fútbol de alto rendimiento: el tiempo de posesión del balón (abriendo la caja negra del fútbol). *Revista de Entrenamiento Deportivo; XIX(2):*13-20.

Lago, C., Casáis, L., Domínguez, E., Lago, J., y Rey, E. (2009). Influencia de las variables contextuales en el rendimiento físico en el fútbol de alto nivel. *Motricidad. European Journal of Human Movement, 23*, 107-121.

Latiskevits, L. A. (1991). *Balonmano* (1ª ed.). Barcelona: Paidotribo.

Lloret, M. (1994). *Análisis de la acción de juego en el waterpolo durante la Olimpiada de 1992.* Tesis doctoral no publicada, Universidad de Barcelona, Barcelona.

Lozano, D., & Camerino, O. (2012). Eficacia de los sistemas ofensivos en balonmano. *Apunts. Educación Física y Deportes, 2*(108), 66-77.

McGarry, T. and Franks, I. 2003. "The science of match analysis". In *Science and soccer*, Edited by: Reilly, T. and Williams, M. 265–275. London: Routledge.

McGarry, T., Anderson, D., Wallace, S., Hughes M., & Franks, I. (2002). Sport competition as a dynamical self-organizing system. *Journal of Sports Sciences, 20*, 771-781.

Meletakos, P., Vagenas, G., & Bayios, I. (2011). A multivariate assessment of offensive performance indicators in men's handball: Trends and differences in the world championships. *Internacional Journal of Performance Analysis in Sport, 11*(2), 284-294.

Morante, J. C. (2009). Análisis del Rendimiento en Deportes de Equipo: del registro al análisis táctico estadístico. Actas del II Congreso Internacional de deportes de equipo. Universidad de A Coruña.

O´Donoghue, P. (2010). *Research methods for sports performance analysis*. Oxon: Routledge.

O' Shaughnessy, D.M. (2006). Possesion versus position: strategic evaluation in AFL. *Journal of Sports Science and Medicine, 5*, 533–540.

Ohnjec, K., Vuleta, D., Milanović, D., & Gruić, I. (2008). Performance indicators of teams at the 2003 World Handball Championship for Women in Croatia. *Kinesiology, 40*(1), 69-79.

Palao, J. M., Santos, J. A., & Ureña, A. (2004). Efecto del tipo y eficacia del saque sobre el bloqueo y el rendimniento del equipo en defensa. *Rendimiento Deportivo, 8*.

Pascual, X., Lago, C., & Casáis, L. (2010). La influencia de la eficacia del portero en el rendimiento de los equipos de balonmano. *Apunts. Educación Física y Deportes*, (99), 72-81.

Petersen, C., Pyne, D., Portus, M., Cordy, J., & Dawson, B. (2008). Analysis of performance at the 2007 Cricket World Cup. *International Journal of Performance Analysis in Sport, 8*(1), 1-8.

Pokrajak, B. (2008). EHF Men´s Euro 2008 - Analysis, discussion, comparison, tendencies in modern handball. *European Handball Federation, Web Periodical*, 1-15.

Pollany, W. (2008). Qualitative trend analysis 8th European Championship for Women Fyro Macedonia 2008. *European Handball Federation, Web Periodical*,1-67.

Prudente, J. (2006). *Análise da performance táctico-técnica no andebol de alto nível. estudo das acções ofensivas com recurso à análise sequencial*. Tesis de doutoramento, Universidade de Madeira, Funchal, Portugal.

Read, B., & Edwards, P. (1992). *Teaching children to play games*. Leeds: White Line Publishing.

Rogulj, N. (2000). Differences in situation-related indicators of the handball game in relation to the achieved competitive results of teams at 1999 World Championship in Egypt. *Kinesiology, 32*(2), 63-74.

Rogulj, N. (2009). Modeli taktike u rukometu [models of handball tactics]. *Split, HR: Znanstvenosportsko Društvo Grifon*.

Rogulj, N., Srhoj, V., & Srhoj, L. (2004). The contribution of collective attack tactics in diffentiating handballl store efficiency. *Collegium Antropologicum, 28*(2), 739-746.

Sampaio, J. (1998). Los indicadores estadísticos más determinantes en el resultado final en los partidos de basquetbol. *Lecturas: Educación Física y Deportes, 3*(11).

Sarmento, J., & Magalhaes, L. (1991). Determinaçao de coeficientes para a valorizaçao da observaçao do ataque em pólo aquático. *Nataçao, 13*(4), 7-8.

Sevim, Y., & Bilge, M. (2007). The comparison of the last Olympic, World and European Men Handball Championships and the current developments in world handball. *Research Yearbook, 13*(1), 65-71.

Skarbalius, A., Strielciunas, R., & Purvys, D. (2004). The playing peculiarities of Lithuanian Men´s Handball National Team in the qualification of World Championship XVIII. *Ugdymas, Kuno Kultura, Sportas, 3*(53), 43-49.

Srhoj, V., & Rogulj, N. (2009). The influence of the elements of the collective attack tactics on handball match outcome. *Fizička Kultura (Skopje), 37*(1), 15-20.

Srhoj, V., Rogulj, N., Padovan, M., & Katić, R. (2001). Influence of the attack end conduction on match result in handball. *Collegium Antropologicum, 25*(2), 611-617.

Sucunza, S. (2005). El análisis de la eficacia técnica del jugador de fútbol en competición. *Lecturas: Educación Física y Deportes, 82*. Extraído el 12 de diciembre de 2013 de http://www.efdeportes.com/efd82/futbol.htm.

Taborsky, F. (2008). Cumulative indicators of team playing performance in handball (Olympic Games Tournaments 2008). *European Handball Federation, Web Periodical.*

Taborsky, F., Kovacs, P., & Pollany, W. (2002). Women's Junior World Championships in Hungary: New rules, faster plays, more goals. *Pivot/Le Pivot,* (31), 1-3.

Trninić, M., Papić, V., & Trninić, V. (2009). Influence of coach´s leadership behaviour and process of training on performance and competition efficacy in elite sport. *Acta Kinesiologica, 3*(1), 18-25.

Trninić, S., Papić, V., & Trninić, M. (2010). Hypothetical structure of interaction of factors that determine situation-related efficacy and actual player and team quality. *Acta Kinesiologica, 4*(2), 49-56.

Ureña, A. (1998). *Incidencia de la función ofensiva sobre la recepción del saque en voleibol.* Tesis Doctoral no publicada, Departamento de Personalidad, Evaluación y Tratamiento Psicológico, Universidad de Granada, Granada.

Vales, A., Areces, A., Blanco, H., & Arce, C. (2011). Diseño y aplicación de una batería multidimensional de indicadores de rendimiento para evaluar la prestación competitiva en el fútbol de alto nivel. *Revista Internacional de Ciencias del Deporte (International Journal of Sport Science), 7*(23), 103-112.

Varejão, J. (2004). *Performance diferencial no andebol - uma análise do jogo e de tempo e movimento em equipas que disputaram o Campeonato Mundial de Portugal 2003.* Tesis de Mestrado, UTAD, Vila Real.

Volossovitch, A., Dumangane, M., & Rosati, N. (2010). The influence of the pace of match on the dynamic of handball game. *International Journal of Sport Psychology, 10*, 118-118.

Vuleta, D., Gruić, I., & Ohnjec, K. (2005a). Informatizacija u rukometu [information and computer science advances in handball in Croatian]. *Proceedings of the 15th Summer School of the Kinesiologists of the Republic of Croatia,* Rovinj, (pp. 256-261).

Vuleta, D., Milanović, D., & Sertić, H. (2003). Relations among variables of shooting for a goal and outcomes of the 2000 Men's European Handball Championship matches. *Kineziologija 35 (2003) 2: 168, 183.*

Vuleta, D., Sporiš, G., Purgar, B., Herceg, Z., & Milanović, Z. (2012). Influence of attacking efficiency on the outcome of handball matches in the preliminary round of Men's Olympic Games 2008. *Sport Science, 5*(2), 7-12.

Wagner, H., Finkenzeller, T., Würth, S., & Duvillard, S. (2014). Individual and team performance in team-hanball: A review. *Journal of Sports Science and Medicine, 13*, 808-816.

Yamada, E., Aida, H., Fujimoto, H., & Nakagawa, A. (2014). Comparison of game performance among European National Women´s Handball Teams. *International Journal of Sport and Health Science, 12*, 1-10.

CAPÍTULO 8.
La influencia de los indicadores de rendimiento en el resultado de los equipos.

El rendimiento en los juegos deportivos es difícil de analizar y evaluar, sobre todo en los juegos deportivos colectivos, puesto que no se trata sólo de cuantificar los comportamientos, sino sobre todo de cualificarlos (Garganta, 2007). En los deportes de equipo de tanteo alto (e.g. baloncesto, balonmano) la selección de los indicadores de rendimiento que dan cuenta del juego y del resultado parece más sencilla. Al tratarse de deportes de finalización, donde cada jugada termina con un lanzamiento o una acción próxima a la meta rival (canasta o portería), el resultado final es la consecuencia del éxito en cada una de las posesiones o unidades de competición de cada equipo. Las causas que condujeron al éxito o fracaso son cuantificables y tienen un efecto claro en el marcador parcial de cada posesión y final (Álvaro et al., 1996; De Rose, 2002; Lorenzo, Gómez y Sampaio, 2003; Trninié, Milanovic y Dizdar, 1997).

El análisis de la actividad competitiva es de especial importancia en los deportes de equipo como el balonmano. El éxito deportivo está determinado por el rendimiento técnico individual y táctico del equipo (Czerwinski, 1993; Czerwinski y Taborsky, 1997; Czerwinski, 1998; Taborsky, 1999; Prudente, 2006). En el balonmano la incertidumbre es un componente esencial y el resultado final depende de muchos factores de naturaleza variada, sobre todo de la interacción entre los jugadores. La capacidad de adaptación del jugador es fundamental en el transcurso del juego, si se quiere obtener buenos resultados, y sus decisiones tienen una influencia trascendental en el resultado del partido (Laguna, 2005). El éxito de un equipo puede ser definido por la clasificación final en una competición, por los resultados finales de los partidos y por la diferencia de goles al final de un partido (Vuleta, 2003). Un partido es un evento deportivo en el que dos equipos compiten por la victoria, manifestando su estado de preparación, y la medida principal del resultado final (éxito), es el número de goles para ambos equipos.

Czerwinski (1998), realizó un análisis estadístico del Campeonato de Europa masculino celebrado en Italia en 1998. Fueron analizados la eficacia en los lanzamientos, tanto tiros de campo, como tiros de 7 metros, la eficacia del contraataque, la eficacia del ataque, la eficacia del portero, la eficacia global del ataque y de la defensa, las interceptaciones de balón, los blocajes, el número de errores en ataque, las sanciones disciplinarias y el número de contraataques. Según Krusinskiene y Skarbalius (2002), existen otros factores importantes que caracterizan el rendimiento del equipo, como la duración de los ataques, la proporción y eficacia de los ataques posicionales y contraataques individuales y colectivos, y la eficacia de las acciones defensivas. Sin embargo, en la mayoría de los casos, los datos estadísticos que caracterizan las actividades competitivas son incompletos.

La mayoría de los estudios se centran en las variables o indicadores de rendimiento que influyen en el resultado final del partido, en la diferencia de goles, o en la diferencia entre los equipos ganadores y perdedores (Tabla 1.8). Por ejemplo, Rogulj (2000) afirmaba que los equipos ganadores obtenían una mayor eficacia en ataque organizado, contraataque colectivo, asistencias, lanzamientos de 7 metros, y acciones individuales de penetración, frente a los equipos perdedores, que obtenían mayores pérdidas y una menor eficacia en ataques frente a defensas organizadas y lanzamientos a distancia. Sevim y Taborsky (2004) en un análisis del Campeonato de Europa masculino celebrado en Eslovenia en el 2004 manifestaban que la diferencia de los goles entre los equipos ganadores y perdedores era menor con respecto al anterior campeonato. Vuleta, Milanović y Sertic (2003), determinaron que los equipos ganadores del Campeonato de Europa de Balonmano del 2000, fueron más eficaces que los equipos perdedores en lanzamientos de 9 metros, de 6 metros y de 7 metros. Según los resultados de Gruić, Vuleta y Milanovic (2006), los equipos ganadores tenían mayor eficacia en los lanzamientos, y mayor eficacia defensiva, por tanto, mayores posibilidades de realizar contraataques, y marcar con más facilidad;

mientras que los equipos derrotados tenían una media superior en cuanto a errores técnicos.

Otros estudios han analizado la influencia de la condición de jugar como local o visitante y el efecto que produce sobre las variables de rendimiento (Lago-Peñas, Gómez, Viaño, González-García, & Fernández-Villarino, 2013; Oliveira, Gómez, & Sampaio, 2012).

Tabla 1.8. *Estudios sobre los indicadores de rendimiento que influyen en el resultado final del partido.*

Autor	Año	Título	Indicadores de rendimiento
Gómez, Lago-Peñas, Viaño y González-García	2014	Effects of game location, team quality and final outcome on game-related statistics in professional handball close games	Lanzamientos y goles desde 6 metros, 7 metros, 9 metros y contraataque, lanzamientos y paradas del portero desde 6 metros, 7 metros, 9 metros y contraataque, amonestaciones, exclusiones, asistencias, pérdidas, blocajes y recuperaciones.
Antúnez, García J., Sáez, Valle y García A.	2013	Diferencias en los indicadores de rendimiento entre los equipos ganadores y perdedores en etapas de formación en balonmano en función del género y la diferencia de goles	Goles y lanzamientos fallados desde 6 metros, 9 metros y 7 metros, pérdidas, errores pase-recepción, dobles, pasos, faltas en ataque, violación del área, paradas totales, número de posesiones y coeficientes de eficacia.
Skarbalius, Pukénas y Vidūnaité	2013	Sport performance profile in Men´s European modern handball: discriminant analysis between winners and losers	Goles, eficacia del ataque, eficacia del portero, recuperaciones, 7 metros recibidos, lanzamientos blocados, exclusiones y pérdidas.
Vuleta, Sporiš, Purgar, Herceg y Milanović	2012	Influence of attacking effciency on the outcome of handball matches in the preliminary round of Men´s Olimpic Games 2008	Lanzamientos y goles desde 9 metros, extremos, 6 metros, contrataque, 7 metros, y asistencias que finalizan y no finalizan en gol.

Autor	Año	Título	Indicadores de rendimiento
Gutiérrez y López	2011	Discriminant analysis between winners and losers in the Asobal League 2008-2009	Goles y lanzamientos de 9 metros, 7 metros, 6 metros y contraataque, asistencias, recuperaciones, faltas técnicas, faltas reglamentarias, sanciones disciplinarias, 7 metros realizados, pérdidas, blocajes, 7 metros recibidos, localización y zona del campo de goles y lanzamientos recibidos.
Foretić, Rogulj y Trninić	2010	The influence of situation efficiency on the result of a handball match	Lanzamientos, goles y porcentaje de eficacia desde 6 metros, extremo, 9 metros, 7 metros y contraataque.
Sáez, Roldán y Feu	2009	Diferencias en las estadísticas de juego entre los equipos ganadores y perdedores de la Copa del Rey 2008 de balonmano masculino	Lanzamientos y goles de 9 metros, 6 metros, 7 metros, contraataque y lanzamientos totales, pases de gol, pérdidas, recuperaciones, paradas de 9 metros, 6 metros, 7 metros, contraataque y paradas totales, sanciones disciplinarias, número de posesiones y coeficientes de eficacia.
Ohnjec, Vuleta, Milanović y Gruić	2008	Performance indicators of teams at the 2003 World Handball Championship for women in Croatia	Lanzamientos y goles desde 9 metros, 6 metros, extremos y contraataque, asistencias, 7 metros recibidos y errores técnicos en ataque.
García, Ibáñez, Feu, Cañadas y Parejo	2008	Estudio de las diferencias en el juego entre equipos ganadores y perdedores en etapas de formación en balonmano	Lanzamientos y goles de 6 metros, 7 metros, 9 metros y contraataque, pasos, recuperaciones, asistencias, amonestaciones, exclusiones, dobles, lanzamientos parados y lanzamientos recibidos.
Gruić, Vuleta y Milanović	2006	Performance indicators of teams at the 2003 Men´s World Handball Champions in Portugal	Lanzamientos y goles desde 9 metros, pivote, extremos y contraataque, asistencias y errores técnicos.

1. VARIABLES DE ACCIÓN.

1.1. Acciones de lanzamiento.

En cuanto a estudios que analizan las variables de rendimiento que influyen en el resultado, algunos se centran en la eficacia en el lanzamiento (e.g. Sáez, Roldán y Feu, 2009; Srhoj, Rogulj, Padovan y Katić, 2001; Ohnjec, Vuleta, Milanović y Gruić, 2008). La eficacia del ataque viene determinada fundamentalmente por la eficacia en el lanzamiento y este constituye uno de los factores específicos que deben ser entrenados. Por otra parte, se hace necesario que los avances en la tecnología logren minimizar el tiempo de registro de este indicador para presentar la información al entrenador o al público en el menor tiempo posible (Vuleta, Gruić y Ohnjec, 2005).

Sevim y Taborsky (2004), realizaron un análisis del Campeonato de Europa masculino celebrado en Eslovenia en el 2004. Los resultados de los partidos demostraron un aumento en el promedio de goles, y por tanto, un aumento en el número de los ataques con respecto al anterior Campeonato de Europa en Suecia (2002). En este sentido, la interpretación de los árbitros de la Regla 7 del Juego pasivo (Reglas de Juego, 2016), explica la mayor rapidez de los ataques, y en consecuencia el aumento significativo de los resultados de los partidos. El rendimiento de los porteros, es decir, el porcentaje de eficacia frente a los lanzamientos, contribuyó significativamente al éxito de sus equipos.

Srhoj, Rogulj, Padovan y Katić (2001), realizan un estudio sobre la influencia de 18 variables sobre el resultado final de un partido. Con una muestra de 80 partidos del Campeonato del Mundo de Balonmano de Egipto de 1999. La frecuencia y la efectividad del lanzamiento en diferentes posiciones definen dichas variables. La influencia significativa en el resultado final viene dada por la efectividad de la ejecución (goles marcados), excepto en la posición del pivote. Particularmente tiene importancia en el resultado final la influencia de las acciones de contrataque. Sin embargo, el número de lanzamientos desde diversas posiciones, no tienen una influencia significativa en el resultado ya que la eficacia no depende de la cantidad, sino de la calidad de los lanzamientos.

Con el fin de analizar la evolución del balonmano en los últimos años, Sevim y Bilge (2007), llevaron a cabo una comparación con las estadísticas recogidas en el Campeonato de Europa de Eslovenia (2004), los Juegos Olímpicos de Atenas (2004), y el Campeonato del Mundo de Túnez (2005). Para el análisis del juego, fueron comparados el número de los ataques de los equipos, la eficacia de los ataques, la eficacia de los lanzamientos, la eficacia de la posición del lanzamiento, la tasa de eficacia de la posición en general y la eficacia del portero. A partir de los datos recogidos en estos torneos, el hecho más evidente fue conocer que el balonmano se juega con mayor rapidez y dinamismo, tanto en ataque como en defensa.

1.2. Acciones ofensivas.

Las asistencias son un indicador muy utilizado en muchos de los estudios que analizan el rendimiento de un equipo (Ohnjec et al, 2008; Gruić et al., 2006; Garcia et al., 2008; Sáez, Roldán y Feu, 2009; Gutiérrez y López, 2011). Las faltas técnicas y las asistencias son parámetros inmediatos que proporcionan importante información sobre la calidad de los equipos (Pokrajac, 2008). Quiere decir que los equipos con menos fallos técnicos y más asistencias utilizan mejor su conocimiento del balonmano de mejor manera. Según dicho autor el número de asistencias no es un signo que explique la calidad de los equipos, ya que el Campeonato de Europa de 2008, existían equipos con gran cantidad de asistencias clasificados en la parte baja y equipos con menos asistencias tenían una mejor posición. Una explicación puede ser que los mejores equipos marcan más goles de acciones individuales y en este caso tienen un menor número de asistencias. En los equipos con menor calidad, marcar más goles depende de acciones colectivas, y en este caso la asistencia resulta más importante.

Sin embargo, Balint y Curitianu (2012) afirman que las asistencias representan un parámetro clave en el análisis del juego moderno, destacando la habilidad, la capacidad de anticipación y de decisión para realizarla en el momento adecuado. En su estudio comprobaron que el número de asistencias se corresponde con la calidad del equipo y de los jugadores.

Normalmente en los informes descriptivos de la EHF, vienen recogidos las pérdidas o número de errores en ataque. Por ejemplo,

Czerwinski (1998) comentaba que el número de errores se incrementa con el ataque es demasiado acelerado. En el Campeonato de Europa de 1998, la media de pérdidas fueron 12.7 cada equipo por partido. Pokrajac (2007) establece una media de errores por partido entre 10.4 y 13.8 en el Campeonato del Mundo del 2007. Taborsky (2008), en el análisis de los Juegos Olímpicos establece una media de 12.9 pérdidas para los hombres y 17 pérdidas por partido para las mujeres. Algunos estudios analizan las pérdidas de balón como indicador de rendimiento (Sáez et al., 2009; Gutiérrez y Ruiz, 2013; Antúnez et al., 2013; Skarbalius et al., 2013). Saéz et al. (2009), no encontró diferencias estadísticamente significativas entre equipos ganadores (13.710±6.21) y equipos perdedores (13.656±3.73). El mismo resultado obtuvieron Skarbalius et al. (2013) al no encontrar diferencias significativas en pérdidas.

Otras acciones ofensivas analizadas son las pérdidas o faltas reglamentarias, es decir, aquellas acciones que van en contra del reglamento como los pasos, dobles, invasión de área o faltas en ataque. De todos modos, son pocos los estudios que analizan algunas de éstas acciones (Antúnez et al., 2013; García et al., 2008; Gutiérrez y López, 2011). Antúnez et al. (2013) analizó los dobles, pasos, faltas en ataque y violaciones de área en función del género y de la diferencia de goles en etapas de formación. Según los resultados de García et al. (2008), los equipos ganadores obtuvieron una media de 6.92±3.75 pasos, y 2.49±2.02 dobles de media por partido, mientras que los equipos perdedores cometían 7.86±3.94 pasos, y 2.14±1.64 dobles por partido, sin establecer diferencias significativas entre ambos. Gutiérrez y López (2011), analizaron las faltas reglamentarias en conjunto, en equipos de la Liga Asobal de la temporada 2008/2009, sin obtener diferencias estadísticamente significativas.

1.3. *Acciones defensivas.*

La EHF no incluye la eficacia en acciones defensivas para analizar el rendimiento de los jugadores de forma individual (Skarbalius et al., 2013). Pokrajac (2008) realiza un análisis descriptivo del Campeonato de Europa del 2008 analizando acciones ofensivas y acciones defensivas como los blocajes, recuperaciones y exclusiones. En cuanto al blocaje por ser un elemento muy sensible de analizar diferencia dos tipos. El primer caso es cuando hay una buena defensa, sin errores, y el ataque es demasiado largo, no pudiendo superar a la defensa ni encontrar situaciones de lanzamiento. El segundo caso es cuando la defensa comete errores y el ataque intenta utilizar esas ocasiones de lanzamiento. La defensa utiliza el blocaje como último recurso y la eficacia en esta situación es menor. El equipo con mayor número de blocajes realizó una media de 5,33 por partido y el que menos realizó una media de 0,33 por partido. Czerwinski (1998), afirma que el blocaje es un elemento del juego muy importante y la eficacia de la defensa depende de la colaboración de esta junto a la del portero. Pokrajac (2007) estableció en el Campeonato del Mundo del 2007 una media de 4 blocajes cada equipo por partido. Aagaard (2006) en el Campeonato de Europa Femenino celebrado en Suecia en el 2006, establecía una media de 3,4 blocajes por partido. Algunos estudios revelan la importancia de los blocajes como elemento defensivo, estableciendo diferencias significativas en los equipos (Gutiérrez y López, 2011; Skarbalius et al., 2013; Lago-Peñas et al., 2013).

Las recuperaciones o robos de balón puede ser un elemento que ayude a analizar los partidos. Según los resultados de Pokrajac (2008) en el Campeonato de Europa del 2008, el equipo con mayor número de recuperaciones hacia una media de 7 por partido y el que menos hacia una media de 2.33. Aagaard (2006) en el Campeonato de Europa Femenino celebrado en Suecia en el 2006, establecía una media de 4,9 recuperaciones por partido. Los equipos mejor clasificados obtenían una media de 6,5 recuperaciones y los equipos peores clasificados obtenían una media de 2,8. García et al. (2008) identificaban diferencias estadísticamente significativas entre los equipos ganadores (4.27±2.64) y los equipos perdedores (2.78±1.96) en cuanto al número de recuperaciones. Sin embargo, Skarbalius et al. (2013), no estableció ninguna diferencia en recuperaciones o blocajes. Obtuvieron una media de robos de balón entre 3.1 y 5.1 por partido en los Campeonatos de Europa celebrados entre el 2002 y el 2010. Wiemeyer y Heinz (2009) sugieren que en el desarrollo del juego del Campeonato de Europa de 2006, las recuperaciones llegaron a ser una característica muy importante y decisiva de la transición rápida de la fase defensiva a la ofensiva.

Otro indicador de rendimiento utilizado en el análisis son las sanciones disciplinarias. Skarbalius et al. (2013) analizó como acciones negativas del juego el número de exclusiones de 2 minutos y las pérdidas, no obteniendo diferencias entre equipos ganadores y perdedores. Gutiérrez y López (2011) también realizan un análisis de las sanciones disciplinarias entre las que se encuentran la amonestación, la primera exclusión, la segunda exclusión, la descalificación, la descalificación permanente y la expulsión. La media de amonestaciones fueron 2.88 y 2.94, y de exclusiones 3.29 y 3.20 para equipos ganadores y perdedores respectivamente. Sólo encontraron diferencias estadísticamente significativas en el número de expulsiones por partido. García et al. (2008) analizan igualmente las tarjetas amarillas y las exclusiones, aunque sin establecer diferencias significativas entre los equipos. Según los resultados de Pokrajac (2008), se produjeron una media de 3 exclusiones por partido en el Campeonato de Europa del 2008, y el equipo con mayor número de exclusiones alcanzó 5.16.

Otro elemento defensivo de análisis y registro en los partidos son los golpes francos. La cantidad de interrupciones originadas por el comportamiento defensivo que da lugar a un saque de golpe franco en la línea de 9 metros, es suficientemente elevada como para merecer la atención de entrenadores e investigadores. A partir de esta situación puede variar el sistema de juego e influir en el rendimiento de ataque de un equipo (Almeida, 2002; Spate, 2001).

En el estudio que realiza García J.A. (2000), en el Campeonato del Mundo celebrado en Egipto en 1999, en un total de 14 partidos, se dieron una media de 57 golpes francos por partido. La zona donde mayor número de golpes franco se produjeron fue en la zona central obteniendo un valor del 39,47%. En cuanto al número de interrupciones por golpe franco, cada equipo dispone de una media de 28,67 por partido. La distribución temporal de los golpes francos acumulados en períodos de 10 minutos, son muy similares entre sí (9,55 golpes francos cada 10 minutos). Estos datos no se corresponden con el estudio de Antón (1996) en la Liga Asobal, donde los valores máximos se producían en los tramos finales de cada uno de los períodos. Este mismo estudio consideraba la igualdad en el marcador como aspecto que aumentaba notablemente las puntuaciones de los golpes francos realizados.

Prudente, Cardoso, Lopes y Fernando (2011), realizaron un estudio referente a las situaciones de acciones a balón parado desde 9 metros, recogiendo datos de 7 partidos de la fase final del Campeonato del Mundo de Balonmano Sénior de 2009. Según los resultados obtenidos afirman que la mayoría de los golpes francos ocurren en la zona central (55%). Del total de los saques registrados apenas en un 12% de los casos, los equipos optaron por hacer una utilización táctica de los mismos. De los ataques iniciados con un saque de 9 metros, el 85% de las veces termina sin remate. La eficacia de la utilización táctica de las situaciones de saques de 9 metros fue del 43%.

2. VARIABLES ESPACIALES.

Hay que tener en cuenta que las distancias de finalización que cada equipo emplea en cada situación, es decir, las zonas del campo mayoritarias en donde los equipos finalizan sus ataques, representa un elemento diferenciador del propio planteamiento estratégico y del juego particular de cada equipo (García et al., 2006).

La mayoría de estadísticas oficiales de la EHF, registran los porcentajes de lanzamiento en las diferentes zonas del campo como 6 metros o pivote, 9 metros o larga distancia, extremos, penetración o desde 7 metros (Aagaard, 2006; Hergeirsson, 2008; Pollany, 2008; Sevim y Bilge, 2007; Taborsky, 2008; Visnapuu, 2006).

Ohnjec et al. (2008), analizaron diferentes indicadores de rendimiento del Campeonato del Mundo femenino del 2003, como por ejemplo la eficacia del lanzamiento desde 9 metros, extremo y 6 metros, estableciendo como variable criterio la diferencia de goles al final del partido. Srhoj, Rogulj y Katić (2001), realizaron un análisis de los lanzamientos desde las diferentes posiciones del campo, estableciendo que el mayor número de lanzamientos se producía desde la zona central. La mayor eficacia del lanzamiento se producía en distancia cortas y sin defensores (contraataque, 7 metros, lanzamiento del pivote o en penetración). La menor eficacia del ataque se producía ante lanzamientos de larga distancia con oposición de defensores o lanzamientos desde el extremo con poco ángulo.

Burger, Rogulj, Foretić y Čavala (2013), realizaron un estudio sobre los goles marcados desde diferentes zonas del campo y los lanzamientos rechazados. Dividían el campo en 5 zonas, zonas extremo, zonas laterales y zona central. Por ejemplo, García et al. (2004), diferenciaban entre zonas de finalización del ataque (dos zonas exteriores, dos zonas laterales y una zona central), y la distancia desde la que se finalizaba el ataque (6 metros, menos de 7 metros, entre 7 y 9 metros, y más de 9 metros).

Leuciuc (2010), analizó al equipo rumano femenino en el XIX Campeonato del Mundo de Balonmano celebrado en China en 2009. Tomando como referencia a Taborsky (2001), examinó la eficacia total del equipo en ataque, diferenciando entre efectividad del lanzamiento en zonas laterales, extremo y parte central de 6 metros, efectividad en contraataque, efectividad en 7 metros, efectividad del portero y los ataques sin lanzamientos.

Otros estudios analizan la eficacia del lanzamiento desde diferentes zonas, estableciendo diferencias significativas (Bilge, 2012; Foretić et al., 2010; Meletakos et al., 2011; Sáez, Roldán y Feu, 2009; Yamada et al., 2014). Bilge (2012), realiza un análisis descriptivo y una comparación de medias de los goles marcados en las zonas de extremo, pivote, larga distancia, penetración, contraataque y 7 metros entre diferentes Olimpiadas, Campeonatos del Mundo, y Campeonatos de Europa. Estableció diferencias significativas entre estos Campeonatos en los goles desde la posición de pivote, contraataque, larga distancia y penetración. Todos los estudios descritos muestran la importancia de analizar las variables espaciales y su influencia en la eficacia ofensiva y defensiva de los equipos. Sáez, Roldán y Feu (2009), analizaron los goles marcados desde 9 metros, 6 metros, 7 metros y contraataque, al igual que los fallos desde las mismas posiciones y las paradas del portero. Los resultados demostraron que existían diferencias significativas entre equipos ganadores y perdedores en los goles totales marcados, los goles de contraataque, los lanzamientos fallados desde 6 metros, y las paradas desde 6 metros.

Foretic et al. (2010) examinaron el Campeonato del Mundo del 2009, encontrando que el número de goles desde la posición de pivote contribuía a la victoria de los equipos. Meletakos et al. (2011) realizaron un análisis de indicadores de rendimiento ofensivos en los Campeonatos del Mundo del 2005, 2007 y 2009. Los resultados mostraron una disminución de los lanzamientos desde 6 metros en los dos últimos campeonatos analizados, asociado a un aumento significativo en los lanzamientos desde 9 metros. La eficacia en lanzamientos desde 9 metros se mantuvo, sin embargo, hubo una diferencia significativa en la eficacia desde 6 metros en los Campeonatos de 2007 y 2009. Yamada et al. (2014) en una comparación entre equipos del Campeonato del Mundo femenino del 2007, establecieron diferencias estadísticamente significativas entre equipos ganadores y perdedores en el número de lanzamientos desde 6 metros, pero no en la eficacia del lanzamiento desde ninguna de las zonas.

3. VARIABLES SITUACIONALES.

En el balonmano, la base del éxito es obtener una ventaja numérica en una determinada zona del campo. Esta ventaja numérica puede ser absoluta o relativa en función del número de jugadores de ambos equipos (Czerwinski, 1993). La ventaja absoluta viene determinada por una situación de superioridad/inferioridad numérica debido a una sanción disciplinaria recogida en el Regla 16 (Reglas de Juego, 2016). Alonso (1995), considera que hay situaciones de juego especiales y condicionadas por el reglamento, como son los 7 metros, lanzamientos de 9 metros y situaciones de desigualdad numérica, y que influyen en el resultado final del partido. Estas situaciones exigen comportamientos adecuados por parte de los jugadores en el sentido de maximizar los efectos positivos y minimizar los efectos negativos. La frecuencia con la que un equipo juega con un jugador menos no es un signo de una buena o mala defensa. Lo más importante es como juega cada equipo en dicha situación (Pokrajac, 2008).

La importancia de las situaciones de desigualdad numérica en relación a los ataques se refleja, por ejemplo, en el análisis de los cuatro primeros equipos clasificados de los Campeonatos de Europa del 2002 y del 2004 en el que el número de ataques en superioridad e inferioridad numérica representó entre el 26 y el 32% del total de los ataques realizados (Prudente, 2006).

Gutiérrez (1998), realizó un análisis de las situaciones en desigualdad numérica en 7 partidos de la Liga Asobal, 4 partidos de competiciones europeas y 22 partidos del Campeonato del Mundo de Japón en 1997, encontrando una media de 6.9 exclusiones por partido, es decir, más de 13 minutos del partido y un 22% en situación de desigualdad del tiempo total de juego. Comprobó que en los últimos 5 minutos de cada partido es donde más se acumulan las exclusiones. También el mayor número de exclusiones se producen cuando el partido se encuentra empatado, o cuando la diferencia en el marcador es de 4 o más goles a favor, debido a una relajación defensiva. De igual forma el análisis de las exclusiones en relación al tiempo de juego, el resultado y la acción realizada por el atacante pueden ser indicadores de importancia. Otros estudios realizan una descripción cualitativa de las situaciones de igualdad y situaciones de desigualdad numérica, pero sin valorar su eficacia (Pollany, 2000; Sevim y Taborsky, 2004).

Gutiérrez, Férez, Fernández y Sánchez (2006) analizaron 36 partidos del Campeonato de Europa del 2006 y el Campeonato del Mundo del 2007 para valorar los sistemas defensivos empleados en el marco situacional de desigualdad numérica, tanto en las situaciones de superioridad como en las situaciones de inferioridad defensiva.

Gutiérrez, Fernández y Borrás (2010), en su estudio sobre los coeficientes de eficacia en situaciones de desigualdad numérica concluyeron que los índices de eficacia obtenidos, en las situaciones de superioridad ofensiva no determinaba la victoria o derrota de un partido. Por el contrario, los índices de eficacia en situación de inferioridad ofensiva tanto los relativos a la eficacia ofensiva, como los referidos a la eficacia defensiva, presentaban mejores valores en los equipos ganadores que en los perdedores, por lo que podrían ser utilizados como predictores de un equipo ganador. Sin embargo, para Gutiérrez (2006), los marcos situacionales de desigualdad numérica, contraataque y 7 metros, no resultaban determinantes para el resultado del encuentro, y el marco situacional de igualdad numérica era el único que podía determinar la condición de ganador de un partido. Otros autores afirman que la incidencia del éxito o el fracaso de las acciones en superioridad numérica ofensiva y defensiva determinan el resultado final del partido (Barbosa, 1999; Chirosa L.J. y Chirosa I., 1999; Espina, Pérez y Cejuela, 2012).

4. VARIABLES TEMPORALES.

El tiempo constituye un elemento estructural íntimamente relacionado con el espacio, puesto que todas las acciones se desarrollan en una secuencia espacio-temporal determinada.

La fluidez y la variabilidad en el ritmo de actuación abren un abanico de posibilidades para la eficacia de las acciones de juego (juego con máxima exigencia temporal, sin exigencia temporal, con alternancia en la exigencia temporal rápido/lento-lento/rápido). La aceleración/desaceleración del ritmo de juego adquiere especial significación en las situaciones de finalización del juego y en su relación con el resultado positivo o negativo en relación con el elemento marcador. De ahí que el uso del tiempo en las conductas motrices individuales y colectivas sean variables estratégicas de primer orden en la acción de juego (Navarro y Jiménez, 1998, 1999).

Según Lago (2000, p.208): «la eficacia en las habilidades de competición no reside solamente en la elección y ejecución de una acción adecuada a las demandas que emanan de su propia lógica situacional, sino también en la idoneidad del momento en la que se realiza».

La resolución eficaz de las situaciones de juego es consecuencia de dos parámetros fundamentales: la velocidad con la que se encuentra la solución del problema, y la adecuación de esa solución a esa misma situación (Mahlo, 1969). Sin embargo, la rapidez y la adecuación son dos cualidades que interaccionan en sentido inverso. La solución de los problemas de juego es tanto más adecuada en cuanto el jugador puede pensar esa solución durante más tiempo.

Oficialmente un partido de balonmano se divide en dos tiempos de 30 minutos[13]. Antón (1992), contempló el tiempo de partido como una de las variables incluidas en lo que se denomina condición ambiental y consideró la posibilidad que podían aparecer conductas en los diferentes períodos temporales del encuentro que presentasen una íntima relación en función de su proximidad o lejanía respecto al inicio del partido. Según él, si un jugador fracasa en una acción de juego al comienzo del encuentro hay más tiempo para enmendar el fallo, pero si la situación se produce en los minutos finales del encuentro, quedan pocas oportunidades de solución. Un análisis de esta situación determinaría si existe relación entra las acciones que acontecen durante un partido y los momentos de juego en los que tienen lugar. Esta es una de las variables que muchos estudios han buscado la posible existencia de momentos críticos o la aparición de conductas semejantes en determinados períodos del partido.

4.1. *La eficacia ofensiva según los períodos de juego.*

El análisis de los goles marcados en ciertos períodos de tiempo durante un partido, es suficiente, para predecir el resultado final basándose en los parámetros de rendimiento del juego (Rogulj, 2000). En su tesis doctoral, López-Graña (2008) dividió el tiempo real de juego en períodos de 5 minutos, para registrar los comportamientos defensivos de los jugadores observados. Montoya (2010) siguiendo el modelo de Antón (1992), y con la intención de observar si existían diferencias en la conducta del jugador en función de los momentos del encuentro, realizó una subdivisión de cada una de las partes que componen los partidos, estableciendo cuatro períodos de estudio que diferenciaba entre los 25 minutos y los 5 últimos minutos de cada parte. Entendía que los 5 minutos finales podrían ser los momentos más decisivos del partido y podrían darse variaciones significativas respecto al resto del encuentro. La variación de la eficacia ofensiva en períodos de 5 minutos fue analizada por Oliveira, Gómez y Sampaio (2012), mostrando que los períodos con mayor número de goles eran los últimos 5 minutos de cada parte, y el que menos, el primer período de juego (0-5 minutos), seguidos de los períodos de 20-25 y de 30-35 minutos.

---

[13] Regla 2:1 de las Reglas de Juego de Balonmano (2016).

Rogulj, Foretić y Burger (2011), realizan un estudio en cuanto a la diferencia y el número de goles entre equipos ganadores y perdedores en períodos de 10 minutos. Los resultados mostraron que en el último período del partido se producían el mayor número de goles. Los equipos ganadores marcaban más goles en el penúltimo segmento del partido (40-50 minutos) y los perdedores en el último período (50-60 minutos). Tanto los equipos ganadores como los perdedores marcaban el menor número de goles en el primer período del partido. La mayor diferencia entre ambos equipos se producía en el segundo período (10-20 minutos), seguido del penúltimo período (40-50 minutos). Otras investigaciones confirman que la diferencia de goles en este penúltimo tramo del partido contribuye al éxito en el resultado final (Rogulj, Srhoj y Srhoj, 2004; Vuleta, Milanović, Gruić y Ohnjec, 2005). Debido a estas razones, dicha fase conduce a una "ruptura" en el marcador, y da lugar a una ventaja de uno de los equipos que es crucial para conseguir la victoria. Las diferencias más bajas en cuanto al marcador, se sitúan al principio y al final de los partidos. Esto es debido a que al principio del partido las diferencias entre ambos equipos son menos obvias, y al final, normalmente el equipo que tiene asegurada la victoria juega con menos motivación. Finalmente, todos los segmentos del partido estudiados eran significativos en el marcador en cuanto a la diferencia entre ganar y perder. Aunque, por otra parte, según los resultados existían partes del partido que eran extremadamente importantes conseguir gol. Por tanto, estos datos se podrían aplicar a la hora de preparar tácticamente al equipo en la competición para ganar los períodos de mayor relevancia.

Vuleta, Milanovic, Gruic y Ohnjec (2005), dividieron el tiempo total de un partido de balonmano en cuatro períodos de 15 minutos. Según los resultados que obtuvieron, la mayoría de los goles se marcaban en el segundo período y en el cuarto período. Aunque el mayor valor de *desviación típica,* fueron obtenidos por los goles marcados en el segundo período. Esto sugiere que los goles marcados antes de llegar al descanso pueden influir en mayor medida en el resultado final del partido (Rogulj et al., 2004). Sin embargo, la diferencia de los goles marcados en los diferentes períodos del partido dependía del éxito del equipo en cada situación y del tipo de competición. Los equipos ganadores, obtuvieron el mayor promedio de goles marcados en todos los períodos del partido. Anotaron mayor número de goles en la segunda mitad del partido, y los equipos derrotados encajaron mayor número de goles en el cuarto período. Los resultados finales afirman que el mayor impacto sobre el resultado final del partido son los goles marcados en el segundo período, desde el minuto 15 hasta el final del partido, seguido del primer período, desde el minuto 1 hasta el minuto 15 del partido.

4.2. La eficacia ofensiva según la duración de los ataques.

Czerwinski (1993), realizó un análisis descriptivo de un total de 115 partidos internacionales celebrados entre 1970 y 1992. Según los datos recogidos, el número de ataques era de una media de 50 posesiones por partido (con oscilaciones entre 39 y 62). En un análisis del tiempo de duración de los ataques mostraba que el 17% eran acciones cortas (de 5 a 20 segundos), el 61% eran de duración media (de 21 a 35 segundos), y el 22% eran acciones largas (por encima de 35 segundos). Todo ello estaba influenciado por la pérdida de tiempo después de marcar gol, el número de interrupciones del juego o una clara dominancia de los sistemas ofensivos.

Algunas investigaciones (Rogulj, Srhoj V. y Srhoj L., 2004; Rogulj, Vuleta, Milanović, Čavala y Foretić, 2011), diferencian el tipo de ataque en función de su duración: contraataque (máximo 5 segundos de duración), contraataque prolongado (máximo 10 segundos), ataques cortos (máximo 25 segundos), ataques medios (máximo 50 segundos) y ataques largos (a partir de 50 segundos).

Canibe y Valles (2002), en un análisis del Campeonato de Europa de 2002 en Suecia, concluyeron que los ataques con una duración entre 20 y 40 segundos fueron los que lograban una mayor eficacia ofensiva. Los ataques rápidos eran menos rentables y los ataques excesivamente largos presentaban una ineficacia ofensiva. Los resultados de Mocsai (2002) del mismo campeonato establecen que entre el 75-85% de los ataques se realizan en un período que no supera los 30 segundos. Resultados similares a los de Sevim y Taborsky (2004) en el análisis del Campeonato de Europa de 2004 en Eslovenia donde obtuvieron una duración media de los ataques entre 25 y 30 segundos.

En el estudio realizado por Skarbalius et al. (2004), Lituania defendió con mayor eficacia (80,7 ± 13,2%) cuando los ataques duraban entre 45-60 segundos, con una menor eficacia (63,9 ± 19,5%) cuando el ataque duraba hasta 20 segundos, y con la menor eficacia defensiva (62,9 ± 11,3%) cuando el ataque duraba entre 30-45 segundos. La eficacia del ataque del equipo Lituano fue del 49,1 ± 6,9%. Los ataques con mayor eficacia fueron los que duraban entre 30 y 60 segundos, mientras que los menos eficaces fueron los que duraban 20 segundos.

4.3. Análisis de los tiempos muertos.

El tiempo muerto es un instrumento que posibilita al entrenador un mayor margen de maniobra en función del desarrollo del partido y ofrece la posibilidad de optimizar la dirección y el rendimiento del equipo, siempre y cuando, su gestión sea adecuada (Antúnez, Ureña y Escudero, 2001). La virtud y oportunidad en la utilización de los tiempos muertos por parte de los entrenadores hacen que resulte importante para el futuro del partido. El conocimiento del propio equipo, del equipo rival y el transcurso del encuentro, darán el momento oportuno de pedirlo y, por supuesto, cuando el entrenador sepa que sin su intervención no será posible cambiar el ritmo de juego y con él, el resultado final (García-Oliva, 2004).

Antúnez et al. (2001), afirman que es habitual que el primer tiempo muerto lo solicite el equipo que va perdiendo durante la primera parte y que la mayoría de tiempos muertos se solicitan en los minutos finales de los períodos. Igualmente, Sevim y Taborsky (2004) registraron los mismos momentos con el fin de preparar los ataques finales. Blanco, Medina, Blázquez, Martín, & Alonso (2012) realizaron un estudio piloto para describir y caracterizar la solicitud del tiempo muerto de los entrenadores de la Liga Asobal de la temporada 2011/2012. Según los autores todos los entrenadores solicitaban el primer tiempo muerto durante el primer período independientemente del resultado final, mientras que los equipos que iban perdiendo solicitaban más un segundo tiempo muerto en el segundo período, y en ocasiones agotaban el tercero. La mayoría de los tiempos muertos se realizaban en los últimos intervalos de cada período de juego. En cuanto a la eficacia sobre el rendimiento se mantenía o mejoraba la diferencia de goles en el marcador del equipo solicitante.

Otro estudio fue el realizado por Gomes, Volossovitch y Ferreira (2014) sobre el análisis de los tiempos muertos en la Liga Asobal entre las temporadas 2009 y 2012. Concluyeron que el 71% de los tiempos muertos se producían con marcador similar o perdiendo por parte del equipo que solicitaba el tiempo muerto. Según los autores, el marcador, el período de juego y la actuación ofensiva y defensiva eran la principal causa para solicitar un tiempo muerto. El uso del tiempo muerto se presenta como una opción estratégica del entrenador en momentos difíciles de partido, y con un efecto positivo a corto plazo sobre el rendimiento de los equipos (Gomes, 2014).

REFERENCIAS

Aagaard, K. (2006). 7th European Championship for Women Sweden 2006. Qualitative trend analysis. *European Handball Federation, Web Periodical.*

Almeida, J. (2002). *Livres de 9 metros em andebol. Utilização e eficácia em jogo.* Extraído el 25 de mayo de 2006 de http://es.scribd.com/doc/3202633/Livres-de-9-Metros-Utilizacao-e-eficacia-em-Jogo-www-paulojorgepereira-blogspot-com.

Álvaro, J., Dorado, A., González Badillo, J. J., González, J. L., Navarro, F., Molina, J. J., ...Sánchez, F. (1996). Modelo de análisis de los deportes colectivos basado en el rendimiento en competición. *Infocoes, 1*(0), 21-40.

Antón, J. L. (1992). *Los efectos de un entrenamiento táctico estratégico individual sobre la optimización del lanzamiento de 7 metros en BM en función del análisis de las conductas de la interacción en competición.* Tesis doctoral no publicada, Universidad de Granada, Granada.

Antón, J. L. (1996). El golpe franco y sus posibilidades tácticas. *Cuadernos Técnicos, 159.* Real Federación Española de Balonmano, Madrid.

Antúnez A., García, J., Sáez, F. J., Valle, A., & García, Á. (2013). Diferencias en los indicadores de rendimiento entre los equipos ganadores y perdedores en etapas de formación en balonmano en función del género y la diferencia final de goles. *E-Balonmano.Com: Revista de Ciencias del Deporte, 9*(1), 5-16.

Antúnez, A., Ureña, N., y Escudero J.M. (2001). Aproximación a la Incidencia del tiempo muerto de equipo en balonmano: Un análisis descriptivo observacional. En Gymnos (ed). *II Congreso Internacional de educación física y Diversidad (pp. 473-485)*. Murcia. España.

Balint, E., & Curiţianu, E. (2012). The importance of anticipation in increasing the defense efficiency in high performance handball. *Bulletin of the Transilvania University of Braşov, 5(54)*, (1), 103-112.

Barbosa, J. P. D. S. A. (1999). *A organização do jogo em andebol: Estudo comparativo do processo ofensivo em equipas de alto nível, em função da relação numérica ataque-defesa.* Dissertação de Mestrado, Facultade de Ciências do Desporto e de Educação Física, Universidade do Porto, Porto.

Bilge, M. (2012). Game analysis of Olympic, World and European Championships in Men´s Handball. *Journal of Human Kinetics, 35*, 109-118.

Blanco, A. V., Medina, A. A., Blázquez, F. J., Martín, A. G.,& Alonso, M. C. (2012). Estudio piloto sobre el uso, distribución y eficacia de los tiempos muertos de equipo en la Liga Asobal de Balonmano. *E-Balonmano.com, 8(3)*,191-199.

Burger, A., Rogulj, N., Foretić, N., & Čavala, M. (2013). Analysis of rebounded balls in a team handball match. *Sportlogia, 9*(1), 53-58.

Canibe, M., & Valles, T. (2002). Análisis de tiempos de ataque. Campeonato de Europa Suecia 2002. *Comunicación técnica, 212. Real Federación Española de Balonmano, Madrid.*

Chirosa, L. J., & Chirosa, I. (1999). Balonmano: Conductas colectivas en el juego de ataque en inferioridad numérica. Análisis y sistematización. *Educación Física y Deportes Revista Digital, 4*(14).

Czerwinski, J. (1993). *El balonmano, técnica, táctica y entrenamiento* (1ª ed.). Barcelona Paidotribo, D.L. 1993: Paidotribo.

Czerwinski, J. (1998). Statiscal analysis of the Men´s European Championship held in Italy in 1998. *European Handball Federation, Web Periodical.*

Czerwinski, J., & Taborsky, F. (1997). Methods, tactics and technique. *European Handball Federation, Web Periodical.*

De Rose, D. (2002). Análise estatística de jogos de basquetebol: O factor mando de jogo. *Lecturas: Educación Física y Deportes, 49.*

Espina, J., Pérez, J., & Cejuela, R. (2012). Evolución histórica y táctica de los sistemas de juego defensivos en balonmano en situaciones de desigualdad numérica. *E-Balonmano.Com: Revista de Ciencias del Deporte, 8*(2), 93-104.

Foretić, N., Rogulj, N., & Trinić, M. (2010). The influence of situation efficiency on the result of a handball match. *Sport Science, 3*(2), 45-51.

Foretić, N., Rogulj, N., & Trinić, M. (2010). The influence of situation efficiency on the result of a handball match. *Sport Science, 3*(2), 45-51.

García, J. A. (2000). Análisis descriptivo del empleo del golpe franco en el Mundial Egipto 1999. *Cuadernos Técnicos 192, Real Federación Española de Balonmano, Madrid.*

García, J. A., Aniz, I., Arellano, I., Domínguez, J. O., & García, T. (2004). Influencia de las variables tiempo y distancia en la eficacia del juego con transformaciones en cuatro equipos de balonmano de alto nivel. Posibilidades para la aplicación en el entrenamiento. *Motricidad. European Journal of Human Movement, 12*, 79-94.

García, J. A., Aniz, I., Barbado, F. D., Arellano, J. L., Nogales, J. F., & Blázquez, M. (2006). Análisis de los parámetros espaciales en el juego de ataque de los equipos finalistas del Campeonato del Mundo de Balonmano de Portugal. *Motricidad. European Journal of Human Movement, 17*, 111-121.

García, J., Ibáñez, J., Feu, S., Cañadas, M., & Parejo, I. (2008). Estudio de las diferencias en el juego entre equipos ganadores y perdedores en etapas de formación en balonmano. *Cultura, Ciencia y Deporte, 3*(9), 195-200.

García, J., Ibáñez, J., Feu, S., Cañadas, M., & Parejo, I. (2008). Estudio de las diferencias en el juego entre equipos ganadores y perdedores en etapas de formación en balonmano. *Cultura, Ciencia y Deporte, 3*(9), 195-200.

García-Oliva, A. (2004). Los tiempos muertos: Usos y estrategias. *Comunicación técnica, 223. Real Federación Española de Balonmano, Madrid.*

Garganta, J. (2007). Modelação táctica em jogos desportivos: A desejável cumplicidade entre pesquisa, treino e competição. *Revista Portuguesa de Ciências do Desporto, 7*(1), 9-17.

Gomes, F. (2014) - Timeout no andebol de alto rendimento. Tese de Doutoramento. Universidade de Lisboa. Faculdade de Motricidade Humana.

Gomes, F., Volossovitch, A., & Ferreira, A. P. (2014). Team timeout calling in handball. *International Journal of Performance Analysis in Sport, 14(1)*, 98 - 110.

Gómez, M. A., Lago-Peñas, C., Viaño, J., & González-García, I. (2014). Effects of game location, team quality and final outcome on game-related statistics in professional handball close games. *Kinesiology, 46*(2), 44-52.

Gruič, I., Vuleta, D., & Milanovič, D. (2006). Performance indicators of teams at the 2003 Men's World Handball Championship in Portugal. *Kinesiology, 38*(2), 164-173.

Gruič, I., Vuleta, D., & Milanovič, D. (2006). Performance indicators of teams at the 2003 Men's World Handball Championship in Portugal. *Kinesiology, 38*(2), 164-173.

Gutierrez, O. (1998). Los sistemas defensivos en situaciones de desigualdad numérica. *Comunicación Técnica, 164. Real Federación Española de Balonmano, Madrid.*

Gutiérrez, O. (2006). *Valoración del rendimiento táctico en balonmano a través de los coeficientes de eficacia. Aplicación del software Sortabal V1.0.* Tesis doctoral no publicada, Universidad Miguel Hernández, Elche.

Gutiérrez, O., & López, P. (2011). Discriminant analysis between winners and losers in the Asobal League 2008-2009. *European Handball Federation, Web Periodical.*

Gutiérrez, O., & Ruiz, J. L. (2013). Data envelopment analysis and cross-efficiency evaluation in the management of sport teams: The assessment of game performance of players in the Spanish Handball League. *Journal of Sport Management, 27*, 217-229.

Gutiérrez, O., Férez, J. A., Fernández, J. J., & Sánchez, A. (2006). Variación de la eficacia defensiva en las situaciones asimétricas de balonmano en función del sistema de juego aplicado. En *II Congreso Internacional de Deportes de Equipo* (Ed.), Madrid.

Gutiérrez, O., Fernández, J. J., & Borrás, F. (2010). The influence of the efficacy of actions in numerical equality in positional game in handball on the final score. *Marathon, 2*(1), 62-69.

Hergeirsson, T. (2008). Qualitative trend analysis - 8th Men´s European Handball Championship 17th-27th january in Norway. *European Handball Federation, Web Periodical*, 1-22.

Krusinskiene, R., & Skarbalius, A. (2002). Handball match analysis: Computerized notation system. *Ugdymas, Kuno Cultura, Sportas, 3*(44), 23-33.

Lago, C. (2000). *La acción motriz en los deportes de equipo de espacio común y participación simultánea.* Tesis doctoral, Instituto Nacional de Educación Física de Galicia, Universidad de A Coruña, A Coruña.

Lago-Peñas, C., Gómez, M. A., Viaño, J., González-García, I., & Fernández-Villarino, A. (2013). Home advantage in elite handball: The impact of the quality of opposition on team performance. *International Journal of Performance Analysis in Sport, 13*(3), 724-733.

Laguna, M. (2005). Adaptar o treino à natureza do desporto que se pratica. En D. Araújo (Ed.), *O contexto da decisão. A acção táctica no desporto* (pp. 99-105). Lisboa: Visão e Contextos.

Leuciuc, F. (2010). Quantitative analysis on the participation of Romanian Female National team in World Handball Championship - China 2009. *Journal of Physical Education & Sport / Citius Altius Fortius, 27*(2), 131-135.

López-Graña, M. d. P. (2008). *Análisis observacional de los comportamientos técnico-tácticos individuales defensivos en balonmano en categoría juvenil masculina.* Tesis doctoral, Facultad de Ciencias del Deporte y Educación Física, Universidade da Coruña, A Coruña.

Lorenzo, A., Gómez, M. A., & Sampaio, A. J. (2003). Análisis descriptivo de las posesiones de 24 segundos en baloncesto. *Lecturas: Educación Física y Deportes, 67*.

Mahlo, F. (1969). El acto táctico en el juego. *La Habana: Pueblo y Educación.*

Meletakos, P., Vagenas, G., & Bayios, I. (2011). A multivariate assessment of offensive performance indicators in men's handball: Trends and differences in the world championships. *Internacional Journal of Performance Analysis in Sport, 11*(2), 284-294.

Mocsai, L. (2002). Analyzing and evaluating the 5th Men´s European Handball Championship. *European Handball Federation, Web Periodical, 10 (1)*, 3-17.

Montoya, M. (2010). *Análisis de las finalizaciones de los jugadores extremo en balonmano.* Tesis doctoral, Instituto Nacional de Educación Física de Cataluña. Universidad de Barcelona, Barcelona.

Navarro, V., & Jiménez, F. (1998). Un modelo estructural-funcional para el estudio del comportamiento estratégico en los juegos deportivos (I). *Revista Educación Física. Renovar la Teoría y la Práctica, 71*, 5-13.

Navarro, V., & Jiménez, F. (1999). Un modelo estructural-funcional para el estudio del comportamiento estratégico en los juegos deportivos (II). *Revista Educación Física. Renovar la Teoría y la Práctica, 73*, 5-8.

Ohnjec, K., Vuleta, D., Milanović, D., & Gruić, I. (2008). Performance indicators of teams at the 2003 World Handball Championship for Women in Croatia. *Kinesiology, 40*(1), 69-79.

Ohnjec, K., Vuleta, D., Milanović, D., & Gruić, I. (2008). Performance indicators of teams at the 2003 World Handball Championship for Women in Croatia. *Kinesiology, 40*(1), 69-79.

Oliveira, T., Gómez, M., & Sampaio, J. (2012). Effects of game location, period, and quality of opposition in elite handball performances. *Perceptual and Motor Skills, 114*(3), 783-794.

Pokrajac, B. (2007). World Championship Germany 2007. Statistics and analyses. *European Handball Federation, Web Periodical,* 1-10.

Pokrajak, B. (2008). EHF Men´s Euro 2008 - Analysis, discussion, comparison, tendencies in modern handball. *European Handball Federation, Web Periodical,* 1-15.

Pollany, W. (2000). Match results are all in the head. A multidimensional análisis of two final games. European Hanball Federation. Extraído el 20 de mayo de 2006 de http://www.eurohandball.com/

Pollany, W. (2008). Qualitative trend analysis 8th European Championship for Women Fyro Macedonia 2008. *European Handball Federation, Web Periodical,*1-67.

Prudente, J. (2006). *Análise da performance táctico-técnica no andebol de alto nível. estudo das acções ofensivas com recurso à análise sequencial.* Tesis de doutoramento, Universidade de Madeira, Funchal, Portugal.

Prudente, J. (2006). *Análise da performance táctico-técnica no andebol de alto nível. estudo das acções ofensivas com recurso à análise sequencial.* Tesis de doutoramento, Universidade de Madeira, Funchal, Portugal.

Prudente, J., Cardoso, A., Lopes, H., & Fernando, C. (2011). Caracterização do "livre de 9m" no andebol. Análise da utilização táctica do "livre de 9m" nos jogos da fase final do Campeonato do Mundo de 2009 em seniores masculinos. *3º Congreso Internacional de Jogos Desportivos, 11*(4), Porto, Portugal.

Rogulj, N. (2000). Differences in situation-related indicators of the handball game in relation to the achieved competitive results of teams at 1999 World Championship in Egypt. Modeli taktike u rukometu [models of handball tactics]. *Split, HR: Znanstvenosportsko Društvo Grifon.*

Rogulj, N., Foretić, N., & Burger, A. (2011). Differences in the course of result between the winning and losing teams in top handball. *Homo Sporticus, 13*(1), 28-32.

Rogulj, N., Srhoj, V., & Srhoj, L. (2004). The contribution of collective attack tactics in diffentiating handballl store efficiency. *Collegium Antropologicum, 28*(2), 739-746.

Rogulj, N., Vuleta, D., Milanović, D., Čavala, M., & Foretić, N. (2011). The efficiency of elements of collective attack tactics in handball. *Kinesiologia Slovenica, 17*(1), 5-14.

Sáez, F. J., Roldán, A., & Feu, S. (2009). Diferencias en las estadísticas de juego entre los equipos ganadores y perdedores de la Copa del Rey 2008 de balonmano masculino. *Revista de Ciencias del Deporte, 5*(3), 107-114.

Sevim, Y., & Bilge, M. (2007). The comparison of the last Olympic, World and European Men Handball Championships and the current developments in world handball. Research Yearbook, 13(1), 65-71.

Sevim, Y., & Taborsky, F. (2004). Qualitative trend analysis of the 6th Men´s European Championship - Slovenia 2004. *Handball-Periodical for Coaches, Referees and Lecturers, 2*, 10-27.

Sevim, Y., & Taborsky, F. (2004). Qualitative trend analysis of the 6th Men´s European Championship - Slovenia 2004. *Handball-Periodical for Coaches, Referees and Lecturers, 2*, 10-27.

Skarbalius, A., Pukénas, K., & Vidūnaité, G. (2013). Sport performance profile in Men´s European modern handball: Discriminant analysis between winners and losers. *Ugdymas, Kuno Kultura, Sportas, 3*(90), 44-54.

Skarbalius, A., Strielciunas, R., & Purvys, D. (2004). The playing peculiarities of Lithuanian Men´s Handball National Team in the qualification of World Championship XVIII. *Ugdymas, Kuno Kultura, Sportas, 3*(53), 43-49.

Späte, D. (2001). Renaissance der freiwurftaktik. *Handball Training, 3+4*, 21.

Srhoj, V., Rogulj, N., Padovan, M., & Katić, R. (2001). Influence of the attack end conduction on match result in handball. *Collegium Antropologicum, 25*(2), 611-617.

Srhoj, V., Rogulj, N., Padovan, M., & Katić, R. (2001). Influence of the attack end conduction on match result in handball. *Collegium Antropologicum, 25*(2), 611-617.

Taborsky, F. (1999). Fourth Women´s youth European Championship. *European Handball Federation, Web Periodical, 37-40*.

Taborsky, F. (2001). Game performance in handball. *European Handball Federation, Web Periodical, 2*, 23-26.

Taborsky, F. (2008). Cumulative indicators of team playing performance in handball (Olympic Games Tournaments 2008). *European Handball Federation, Web Periodical.*

Trninié, S., Milanovic, D., & Dizdar, D. (1997). ¿En qué se diferencian los ganadores de los perdedores en baloncesto. *Infocoes, 1,* 56-65.

Visnapuu, M. (2006). Qualitative analysis of the 2006 Men´s 18 European Handball Championship. *European Handball Federation, Web Periodical.*

Vuleta, D., Gruić, I., & Ohnjec, K. (2005). Informatizacija u rukometu [information and computer science advances in handball in Croatian]. *Proceedings of the 15th Summer School of the Kinesiologists of the Republic of Croatia,* Rovinj, (pp. 256-261).

Vuleta, D., Milanović, D., & Sertić, H. (2003). Relations among variables of shooting for a goal and outcomes of the 2000 Men's European Handball Championship matches. *Kineziologija 35 (2003) 2: 168, 183.*

Vuleta, D., Milanović, D., & Sertić, H. (2003). Relations among variables of shooting for a goal and outcomes of the 2000 Men's European Handball Championship matches. *Kineziologija 35 (2003) 2: 168, 183.*

Vuleta, D., Milanović, D., Gruić, I., & Ohnjec, K. (2005). Influence of the goals scored on final outcomes of matches of the 2003 World Handball Championships for Men in Portugal. In *D. Milanović and F. Prot (Eds), Proceedings Book of the 4th International Scientific Conference on Kinesiology ´Science and Profession - Challengue for the Future,* Zagreb: Faculty of Kinesiology, University of Zagreb, (pp. 470-473).

Vuleta, D., Sporiš, G., Purgar, B., Herceg, Z., & Milanović, Z. (2012). Influence of attacking efficiency on the outcome of handball matches in the preliminary round of Men's Olympic Games 2008. *Sport Science, 5*(2), 7-12.

Wiemeyer, J., & Heinz, M. (2009). Winner or loser – what makes the difference? Analysis of the European Championships 2000 to 2006 in Men's Handball. In *A. Hökelmann, K. Witte & P. O-Donoghue (Eds.), Current Trends in Performance Analysis. World Congress of Performance Analysis of Sport VIII,* Aachen, Shaker (pp. 60-63).

Yamada, E., Aida, H., Fujimoto, H., & Nakagawa, A. (2014). Comparison of game performance among European National Women´s Handball Teams. *International Journal of Sport and Health Science, 12,* 1-10.

BLOQUE IV
ÍNDICES DE RENDIMIENTO EN EL BALONMANO

CAPÍTULO 9.
Propuesta de índices de rendimiento para el análisis del balonmano.

Los índices son un valor que se dan a las diferentes acciones que el jugador realiza en el partido. Se puede mostrar un índice en valor absoluto (**Indicador**) o en valor relativo (**Coeficiente**) de los eventos del jugador relacionándolos con los del equipo.

Los índices de rendimiento vienen determinados por dos parámetros:

- **Indicador:** Recuento total de las conductas de juego. Muestra un Valor Absoluto (VA). El indicador puede tomar un valor entre 0 y 1, tanto positivo como negativo.
- **Coeficiente:** La eficacia de las conductas de juego. Muestra un Valor Relativo (VR). Dicho valor viene expresado en porcentaje (%). El coeficiente puede tomar un valor entre 1 y 100%, tanto de forma positiva como negativa.

Es importante tener en cuenta que los valores de eficacia de algunos índices de rendimiento son mejores cuanto más se aproximen a 1, si se habla en valor absoluto; y a 100% si se habla en valor relativo. En el Índice de Eficacia Ofensivo (I.E.O.) sus valores son mejores cuanto más se aproximen a 1 y a 100%, y dicho índice aparece con el signo «+». Por el contrario, en otros índices de rendimiento sus valores son mejores cuanto más se aproximen a 0 en valor absoluto y a 0% en valor relativo. Por ejemplo, en el Índice de Producción Ofensivo (I.P.O.), sus valores son mejores cuanto más se aproximan a 0 y a 0%, y dicho índice aparece con el signo «−».

Así mismo se pueden calcular tanto los índices a nivel ofensivo, como los índices a nivel defensivo. De igual forma los índices de rendimiento individuales dan un valor individual de las acciones de cada jugador, y los índices colectivos dan un valor total por equipo.

La clasificación de los índices de rendimiento propuesta es la siguiente:

1. ÍNDICES DE RENDIMIENTO DE EQUIPO A NIVEL GENERAL.

Los índices de rendimiento generales establecen la eficacia de los equipos en las fases del juego. Vienen determinados por una relación entre los lanzamientos, los goles y el número de ataques o defensas en cada caso. Así mismo, se establece la eficacia de cada uno de los ataques o defensas según el número de interrupciones. Gracias a estos índices se pueden diferenciar a los equipos por su eficacia, anotación o producción tanto en fase ofensiva como defensiva.

1.1. Índice de Eficacia Ofensivo (I.E.O.):

En valor absoluto: **I.E.O. = Nº de goles marcados / Nº de ataques totales**
En valor relativo: **I.E.O. = (Nº de goles marcados / Nº de ataques totales) * 100**

1.2. Índice de Eficacia Defensivo (I.E.D.):

En valor absoluto: **I.E.D. = Nº de goles encajados / Nº de defensas totales**
En valor relativo: **I.E.D. = (Nº de goles encajados / Nº de defensas totales) * 100**

1.3. Índice de Anotación Ofensivo (I.A.O.):

En valor absoluto: **(I.A.O.) = Nº de goles marcados / Nº de lanzamientos realizados**
En valor relativo: **(I.A.O.) = (Nº de goles marcados / Nº de lanzamientos realizados) * 100**

1.4. Índice de Anotación Defensivo (I.A.D.):

En valor absoluto: **I.A.D. = Nº de goles encajados / Nº de lanzamientos recibidos**

En valor relativo: **I.A.D. = (Nº de goles encajados / Nº de lanzamientos recibidos) * 100**

1.5. Índice de Producción Ofensivo (I.P.O.):

En valor absoluto: **(I.F.O.) = Nº de lanzamientos realizados - Nº de goles marcados / Nº de ataques totales**

En valor relativo: **(I.F.O.) = (Nº de lanzamientos realizados - Nº de goles marcados / Nº de ataques totales) * 100**

1.6. Índice de Producción Defensivo (I.P.D.):

En valor absoluto: **(I.F.D.) = Nº de lanzamientos recibidos - Nº de goles encajados / Nº de defensas totales**

En valor relativo: **(I.F.D.) = (Nº de lanzamientos recibidos - Nº de goles encajados / Nº de defensas totales) * 100**

1.7. Índice de Éxito en Ataques Continuos (I.E.A.C.):

Entre el inicio del ataque y su finalización no se produce ninguna interrupción, es decir, el balón siempre se encuentra en juego.

En valor absoluto: **I.E.A.C. = Nº de goles marcados en ataques continuos / Nº de ataques continuos**

En valor relativo: **I.E.A.C. = (Nº de goles marcados en ataques continuos / Nº de ataques continuos) * 100**

1.8. Índice de Éxito en Defensas Continuas (I.E.D.C.):

Entre el inicio de la defensa y su finalización no se produce ninguna interrupción, es decir, el balón siempre se encuentra en juego.

En valor absoluto: **I.E.D.C. = Nº de goles encajados en defensas continuas / Nº de defensas continuas**

En valor relativo: **I.E.D.C. = (Nº de goles encajados en defensas continuas / Nº de defensas continuas) * 100**

1.9. Índice de Éxito Ofensivo en Ataques Interrumpidos 1 vez (I.E.A.I. 1):

Entre el inicio del ataque y su finalización se produce una interrupción. El balón se detuvo una sola vez en ese ataque. Una interrupción puede ser consecuencia de un fuera de banda, un golpe franco, un tiempo muerto, o que el árbitro detenga el juego por cualquier circunstancia. Debe mostrar el éxito ofensivo después de una acción de balón parado como un golpe franco o saque de banda.

En valor absoluto: **I.E.A.I. 1 = Nº de goles marcados en ataques interrumpidos 1 vez / Nº de ataques interrumpidos 1 vez**
En valor relativo: **I.E.A.I. 1 = (Nº de goles marcados en ataques interrumpidos 1 vez / Nº de ataques interrumpidos 1 vez) * 100**

1.10. Índice de Éxito Defensivo en Defensas Interrumpidas 1 vez (I.E.D.I. 1):

Entre el inicio de la defensa y su finalización se produce una interrupción. El balón se detuvo una sola vez durante esa defensa. Una interrupción puede ser consecuencia de un fuera de banda, un golpe franco, un tiempo muerto, o que el árbitro detenga el juego por cualquier circunstancia. Debe mostrar el éxito defensivo después de una acción de balón parado como un golpe franco o saque de banda.

En valor absoluto: **I.E.D.I. 1 = Nº de goles encajados en defensas interrumpidas 1 vez / Nº de defensas interrumpidas 1 vez**
En valor relativo: **I.E.D.I. 1 = (Nº de goles encajados en defensas interrumpidas 1 vez / Nº de defensas interrumpidas 1 vez) * 100**

1.11. Índice de Éxito Ofensivo en Ataques Interrumpidos más de 1 vez (I.E.A.I. 2):

Entre el inicio del ataque y su finalización se produce más de una interrupción. El balón se detuvo al menos dos veces en ese ataque. Debe mostrar el éxito ofensivo después de una segunda acción de balón parado como un golpe franco o saque de banda.

En valor absoluto: **I.E.A.I. 2 = Nº de goles marcados en ataques interrumpidos más de 1 vez / Nº de ataques interrumpidos más de 1 vez**

En valor relativo: **I.E.A.I. 2 = (Nº de goles marcados en ataques interrumpidos más de 1 vez / Nº de ataques interrumpidos más de 1 vez) * 100**

1.12. *Índice de Éxito Defensivo en Defensas Interrumpidas más de 1 vez (I.E.D.I. 2):*

Entre el inicio de la defensa y su finalización se produce más de una interrupción. El balón se detuvo al menos dos veces durante esa defensa. Debe mostrar el éxito defensivo después de una segunda acción de balón parado como un golpe franco o saque de banda.

En valor absoluto: **I.E.D.I. 2 = Nº de goles encajados en defensas interrumpidas más de 1 vez / Nº de defensas interrumpidas más de 1 vez**

En valor relativo: **I.E.D.I. 2 = (Nº de goles encajados en defensas interrumpidas más de 1 vez / Nº de defensas interrumpidas más de 1 vez) * 100**

2. ÍNDICES DE RENDIMIENTO DE EQUIPO A NIVEL ESPACIAL.

Los índices a nivel espacial identifican las zonas del campo donde ocurrieron las diferentes acciones de finalización del juego. Permite obtener de un modo visual las zonas con mayor eficacia del equipo y el volumen de finalización en cada zona de ataque. A partir de estos índices de rendimiento se pueden establecer diferencias entre las zonas de mayor eficacia de los equipos y el grado de profundidad (distancia eficaz del juego) y anchura (lado del campo eficaz del juego) en cuanto a su finalización.

El terreno de juego se divide en dos campos: campo ofensivo y campo defensivo (Figura 1.9).

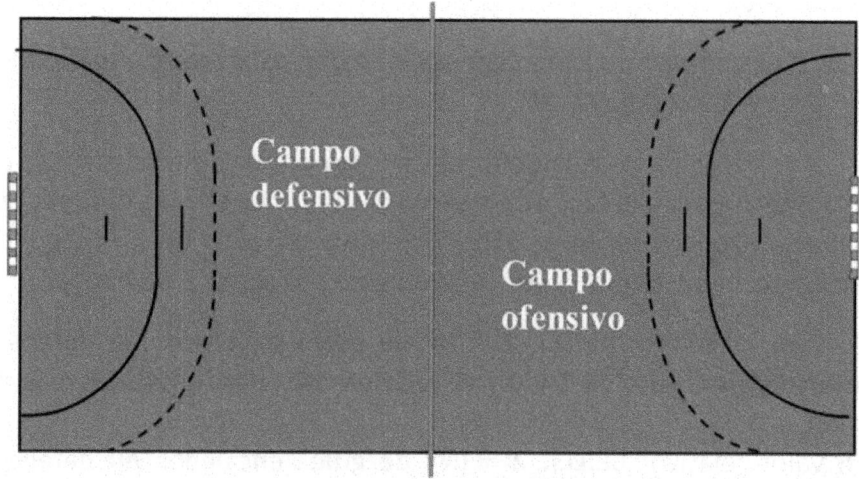

Figura 1.9. División del terreno de juego en función del campo.

A su vez el campo se divide en carriles: carril extremo izquierdo, carril lateral izquierdo, carril central, carril lateral derecho, carril extremo derecho (Figura 2.9).

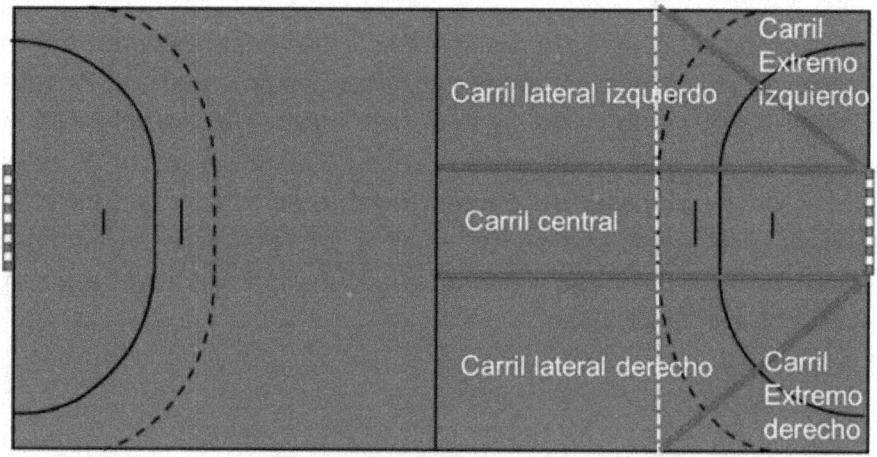

Figura 2.9. División del terreno de juego en función de la lateralidad.

Y en zonas en función de la distancia a la portería: zona no profunda, y zona profunda (Figura 3.9).

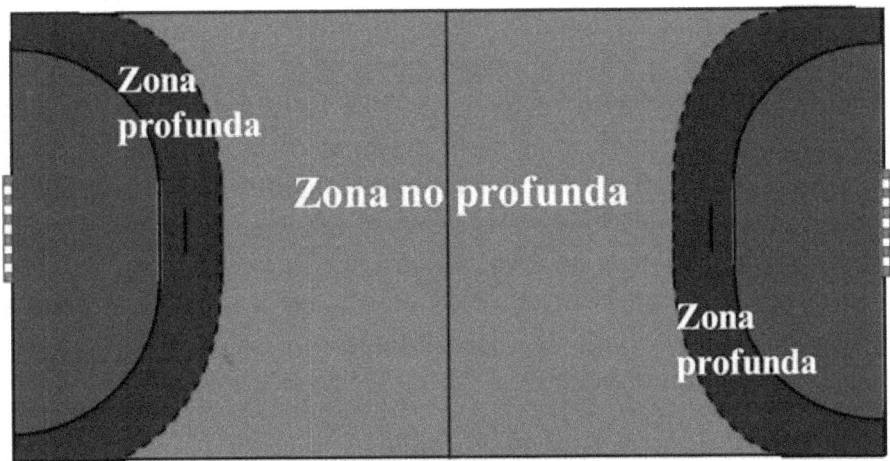

Figura 3.9. División del terreno de juego en función de la profundidad.

Se diferencian 8 zonas en campo ofensivo y otras 8 zonas en campo de juego defensivo (Figura 4.9).

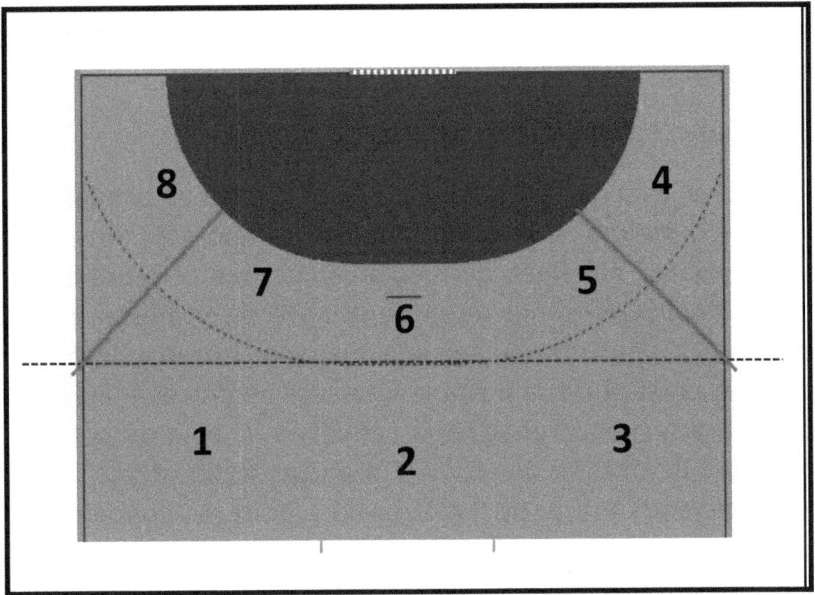

Figura 4.9. División del campo ofensivo en zonas en función la lateralidad y de la profundidad.

Zona 1. Zona lateral izquierdo no profundo.

Es la zona que está delimitada por la línea de banda izquierda, la línea de 9 metros, la línea de mitad de campo, una línea imaginaria perpendicular a la línea de medio campo que se cruza en el punto donde finaliza el tramo recto de la línea de 9 metros por su lado izquierdo, y una línea imaginaria diagonal trazada desde el poste izquierdo de la portería hasta la intersección entre la línea de banda izquierda y una línea imaginaria paralela a la línea de portería y una distancia de 9 metros de ésta. Así mismo, es la zona izquierda del campo a una distancia mayor de 9 metros de la portería, donde se producen las acciones de lanzamiento en salto o en apoyo, normalmente con oposición.

Zona 2. Zona central no profundo.

Es la zona que está delimitada por la línea de 9 metros, la línea de mitad de campo y dos líneas perpendiculares a la línea de portería que se cruzan en el punto donde finaliza el tramo recto de la línea de 9 metros de ambos lados. Así mismo es la zona central del campo a una distancia mayor de 9 metros de la portería donde se producen las acciones de lanzamiento en salto o en apoyo, normalmente con oposición.

Zona 3. Zona lateral derecho no profundo.

Es la zona que está delimitada por la línea de banda derecha, la línea de 9 metros, la línea de mitad de campo, una línea imaginaria perpendicular a la línea de medio campo que se cruza en el punto donde finaliza el tramo recto de la línea de 9 metros por su lado derecho, y una línea imaginaria diagonal trazada desde el poste derecho de la portería hasta la intersección entre la línea de banda derecha y una línea imaginaria paralela a la línea de portería y una distancia de 9 metros de ésta. Así mismo es la zona derecha del campo a una distancia mayor de 9 metros de la portería, donde se producen las acciones de lanzamiento en salto o en apoyo, normalmente con oposición.

Zona 4. Zona extremo derecho.

Es la zona que está delimitada por la línea de banda derecha, la línea de portería, la línea de área de portería y una línea imaginaria diagonal trazada desde el poste derecho de la portería hasta la intersección entre la línea de banda derecha y una línea imaginaria paralela a la línea de portería y una distancia de 9 metros de ésta. El jugador puede realizar los apoyos necesarios en esta zona para finalizar la acción. Normalmente es la zona donde el extremo derecho realizará el último apoyo antes de finalizar la acción de lanzamiento.

Zona 5. Zona lateral derecho profundo.

Es la zona que está delimitada por la línea de área de portería, la línea de 9 metros, una línea imaginaria perpendicular a la línea de medio campo que se cruza en el punto donde finaliza el tramo recto de la línea de 6 metros y la línea de 9 metros por su lado derecho, y una línea imaginaria diagonal trazada desde el poste derecho de la portería hasta la intersección entre la línea de banda derecha y una línea imaginaria paralela a la línea de portería y una distancia de 9 metros de ésta. Así mismo es la zona derecha del campo entre 6 y 9 metros donde se producen las acciones de lanzamiento en penetración o en apoyo, con o sin oposición.

Zona 6. Zona central profundo.

Es la zona que está delimitada por la línea de portería, la línea de 9 metros, la línea de mitad de campo y por dos líneas perpendiculares a la línea de portería que van desde el punto donde finaliza el tramo recto de la línea de 6 metros y el punto donde finaliza el tramo recto de la línea de 9 metros. Así mismo es la zona central del campo entre 6 y 9 metros de la portería donde se producen las acciones de lanzamiento en penetración o en apoyo, con o sin oposición.

Zona 7. Zona lateral izquierdo profundo.

Es la zona que está delimitada por la línea de área de portería, la línea de 9 metros, una línea imaginaria perpendicular a la línea de medio campo que se cruza en el punto donde finaliza el tramo recto de la línea de 6 metros y la línea de 9 metros por su lado izquierdo, y una línea imaginaria diagonal trazada desde el poste izquierdo de la portería hasta la intersección entre la línea de banda izquierda y una línea imaginaria paralela a la línea de portería y una distancia de 9 metros de ésta. Así mismo es la zona izquierda del campo entre 6 y 9 metros donde se producen las acciones de lanzamiento en penetración o en apoyo, con o sin oposición.

> *Zona 8. Zona extremo izquierdo.*

Es la zona que está delimitada por la línea de banda izquierda, la línea de portería, la línea de área de portería y una línea imaginaria diagonal trazada desde el poste izquierdo de la portería hasta la intersección entre la línea de banda izquierda y una línea imaginaria paralela a la línea de portería y una distancia de 9 metros de ésta. El jugador puede realizar los apoyos necesarios en esta zona para finalizar la acción. Normalmente es la zona donde el extremo izquierdo realizará el último apoyo antes de finalizar la acción de lanzamiento.

2.1. Índice de Anotación Espacial Ofensivo (I.A.E.O.):

En valor absoluto: **(I.A.E.O.) = Nº de goles marcados por zonas / Nº de lanzamientos realizados por zonas.**
En valor relativo: **(I.A.E.O.) = (Nº de goles marcados por zonas / Nº de lanzamientos realizados por zonas) * 100**

2.2. Índice de Anotación Espacial Defensivo (I.A.E.D.):

En valor absoluto: **I.A.E.D. = Nº de goles encajados en zona por zonas / Nº de lanzamientos recibidos por zonas.**
En valor relativo: **I.A.E. D. = (Nº de goles encajados en zona por zonas / Nº de lanzamientos recibidos por zonas) * 100**

2.3. Índice de Finalización Espacial Ofensivo (I.F.E.O.):

Es un indicador que muestra las diferentes zonas de finalización ofensiva. Nos da información del volumen de espacios eficaces en ataque. Cada zona de juego tiene un índice distinto.

En valor absoluto: **I.F.E.O. = Nº de acciones de finalización (lanzamientos + 7 metros provocados) por zonas / Nº de acciones totales de finalización**

En valor relativo: **I.F.E.O. = [Nº de acciones de finalización (lanzamientos + 7 metros provocados) por zonas / Nº de acciones totales de finalización] * 100**

2.4. *Índice de Finalización Espacial Defensivo (I.F.E.D.):*

Es un indicador que muestra las diferentes zonas de finalización desde el punto de vista defensivo del equipo. Nos da información del volumen de espacios eficaces en defensa. Cada zona de juego tiene un índice distinto.

En valor absoluto: **I.F.E.D. = Nº de acciones de finalización del equipo contrario (lanzamientos + 7 metros cometidos) / Nº de acciones totales de finalización**
En valor relativo: **I.F.E.D. = [Nº de acciones de finalización del equipo contrario (lanzamientos + 7 metros cometidos) / Nº de acciones totales de finalización] * 100**

2.5. *Índice de Lateralidad Ofensivo (I.L.O.):*

Este valor muestra el nivel de lateralidad del ataque, dando información sobre el lado del campo eficaz de juego.

Índice de Lateralidad Izquierdo Ofensivo:
En valor absoluto: **I.L.I.O. = Nº de acciones de finalización en el lateral izquierdo (suma de I.F.E.O. en zona 1 y 7) / Nº de acciones totales de finalización**
En valor relativo: **I.L.I.O. = [Nº de acciones de finalización en el lateral izquierdo (suma de I.F.E.O. en zona 1 y 7) / Nº de acciones totales de finalización] * 100**

Índice de Lateralidad Central Ofensivo:
En valor absoluto: **I.L.C.O. = Nº de acciones de finalización en el centro (suma de I.F.E.O. en zona 2 y 6) / Nº de acciones totales de finalización**
En valor relativo: **I.L.C.O. = [Nº de acciones de finalización en el centro (suma de I.F.E.O. en zona 2 y 6) / Nº de acciones totales de finalización] * 100**

Índice de Lateralidad Derecho Ofensivo:

En valor absoluto: **I.L.D.O. = Nº de acciones de finalización en el lateral derecho (suma de I.F.E.O. en zona 3 y 5) / Nº de acciones totales de finalización**

En valor relativo: **I.L.D.O. = [Nº de acciones de finalización en el lateral derecho (suma de I.F.E.O. en zona 3 y 5) / Nº de acciones totales de finalización] * 100**

2.6. *Índice de Lateralidad Defensivo (I.L.D.):*

Este valor muestra el nivel de lateralidad de la defensa, dando información sobre el lado del campo eficaz de la defensa del equipo.

Índice de Lateralidad Izquierdo Defensivo:

En valor absoluto: **I.L.I.D. = Nº de acciones de finalización del equipo rival en el lateral izquierdo (suma de I.F.E.D. en zona 3 y 5) / Nº de acciones totales de finalización**

En valor relativo: **I.L.I.D. = [Nº de acciones de finalización del equipo rival en el lateral izquierdo (suma de I.F.E.D. en zona 3 y 5) / Nº de acciones totales de finalización] * 100**

Índice de Lateralidad Central Defensivo:

En valor absoluto: **I.L.C.D. = Nº de acciones de finalización del equipo rival en el centro (suma de I.F.E.D. en zona 2 y 6) / Nº de acciones totales de finalización**

En valor relativo: **I.L.C.D. = [Nº de acciones de finalización del equipo rival en el centro (suma de I.F.E.D. en zona 2 y 6) / Nº de acciones totales de finalización] * 100**

Índice de Lateralidad Derecho Defensivo:

En valor absoluto: **I.L.D.D. = Nº de acciones de finalización del equipo rival en el lateral derecho (suma de I.F.E.D. en zona 1 y 7) / Nº de acciones totales de finalización**

En valor relativo: **I.L.D.D. = [Nº de acciones de finalización del equipo rival en el lateral derecho (suma de I.F.E.D. en zona 1 y 7) / Nº de acciones totales de finalización] * 100**

2.7. Índice de Profundidad Ofensivo (I.P.O.):

Este valor muestra el nivel de profundidad del ataque, dando información sobre la distancia eficaz de juego del equipo o de un jugador.

Índice de Profundidad Ofensivo en 1ª línea:
En valor absoluto: **I.P.O. 1 = Nº de acciones de finalización en 1ª línea (suma del I.F.E.O. en zonas 1, 2 y 3) / Nº de acciones totales de finalización.**
En valor relativo: **I.P.O. 1 = [Nº de acciones de finalización en 1ª línea (suma del I.F.E.O. en zonas 1, 2 y 3) / Nº de acciones totales de finalización] * 100**

Índice de Profundidad Ofensivo en 2ª línea:
En valor absoluto: **I.P.O. 2 = Nº de acciones de finalización en 2ª línea (suma del I.F.E.O. en zonas 4, 5, 6, 7 y 8) / Nº de acciones totales de finalización**
En valor relativo: **I.P.O. 2 = [Nº de acciones de finalización en 2ª línea (suma del I.F.E.O. en zonas 4, 5, 6, 7 y 8) / Nº de acciones totales de finalización] * 100**

2.8. Índice de Profundidad Defensivo (I.P.D.):

Este valor muestra el nivel de profundidad de la defensa, dando información sobre la distancia eficaz de juego de la defensa del equipo.

Índice de Profundidad Defensivo en 1ª línea:
En valor absoluto: **I.P.D. 1 = Nº de acciones de finalización en 1ª línea del equipo rival (suma del I.F.E.D. en zonas 1, 2 y 3) / Nº de acciones totales de finalización**
En valor relativo: **I.P.D. 1 = [Nº de acciones de finalización en 1ª línea del equipo rival (suma del I.F.E.D. en zonas 1, 2 y 3) / Nº de acciones totales de finalización] * 100**

Índice de Profundidad Defensivo en 2ª línea:
En valor absoluto: **I.P.D. 2 = Nº de acciones de finalización en 2ª línea del equipo rival (suma del I.F.E.D. en zonas 4, 5, 6, 7 y 8) / Nº de acciones totales de finalización**

En valor relativo: **I.P.D. 2 = [Nº de acciones de finalización en 2ª línea del equipo rival (suma del I.F.E.D. en zonas 4, 5, 6, 7 y 8) / Nº de acciones totales de finalización] * 100**

3. ÍNDICES DE RENDIMIENTO DE EQUIPO A NIVEL SITUACIONAL.

En cuanto a los índices de rendimiento a nivel de marco situacional establecen la eficacia tanto ofensiva como defensiva en las diferentes situaciones que pueden darse a lo largo de un partido en cuanto al número de jugadores en juego de ambos equipos; y conocer el tiempo de juego en cada uno de los marcos situacionales de los dos equipos durante el partido. Es decir, establecen en que marco situacional es más eficaz un equipo y durante cuánto tiempo juega en cada marco situacional. Se pueden establecer los siguientes marcos situacionales:

- *Igualdad Numérica:*

Situación de juego en la que están presentes en el terreno de juego el mismo número de jugadores en los dos equipos. Independientemente del equipo que esté en posesión del balón, la situación de juego será de igualdad numérica, siempre que ambos equipos tengan el mismo número de jugadores.

- *Superioridad Numérica:*

Situación de juego en la que están presentes en el terreno de juego un mayor número de jugadores del equipo local. Independientemente si el equipo local está o no en posesión del balón, la situación de juego será de superioridad numérica siempre que tenga un mayor número de jugadores que el equipo visitante.

- *Inferioridad Numérica:*

Núcleo categorial: Situación de juego en la que están presentes en el terreno de juego un menor número de jugadores del equipo local. Independientemente si el equipo local está o no en posesión del balón, la situación de juego será de inferioridad numérica siempre que tenga un menor número de jugadores que el equipo visitante.

- **Igualdad 5x5:**

Situación de juego en la que ambos equipos atacan o defienden con cinco jugadores de campo.

- **Doble Superioridad:**

Situación de juego en la que el equipo local tiene dos jugadores más de campo que el equipo visitante, independientemente de la fase en la que se encuentre.

- **Doble Inferioridad:**

Situación de juego en la que el equipo local tiene dos jugadores menos de campo que el equipo visitante, independientemente de la fase en la que se encuentre.

- **Aviso de Juego Pasivo:**

Se produce cuando un equipo no tiene la intención de atacar o lanzar a portería. También cuando se retrasa la ejecución de un saque de centro, saque de banda, golpe franco o saque de portería del propio equipo. El aviso de juego pasivo se produce siempre con una advertencia por parte del árbitro, mediante la gestoforma nº 17 (Reglas de Juego, 2016). De esta forma el equipo tiene la oportunidad de cambiar su forma de ataque con el fin de evitar perder la posesión del balón. El árbitro siempre marca el aviso de juego pasivo al equipo en posesión del balón.

3.1. Índice de Eficacia Ofensivo en Igualdad (I.E.O.IG.):

En valor absoluto: **I.E.O.IG. = Nº de goles marcados en igualdad numérica / Nº de ataques en igualdad numérica**
En valor relativo: **I.E.O.IG. = (Nº de goles marcados en igualdad numérica / Nº de ataques en igualdad numérica) * 100**

3.2. Índice de Eficacia Ofensivo en Superioridad (I.E.O.SUP.):

En valor absoluto: **I.E.O.SUP. = Nº de goles marcados en superioridad numérica / Nº de ataques en superioridad numérica**
En valor relativo: **I.E.O.SUP. = (Nº de goles marcados en superioridad numérica / Nº de ataques en superioridad numérica) * 100**

3.3. Índice de Eficacia Ofensivo en Inferioridad (I.E.O.IN.):

En valor absoluto: **I.E.O.IN. = Nº de goles marcados en inferioridad numérica / Nº de ataques en inferioridad numérica**
En valor relativo: **I.E.O.IN. = (Nº de goles marcados en inferioridad numérica / Nº de ataques en inferioridad numérica) * 100**

3.4. Índice de Eficacia Ofensivo en Igualdad 5x5 (I.E.O.IG. 5x5):

En valor absoluto: **I.E.O.IG. 5x5 = Nº de goles marcados en igualdad numérica 5x5 / Nº de ataques en igualdad numérica 5x5**
En valor relativo: **(I.E.O.IG. 5x5 = Nº de goles marcados en igualdad numérica 5x5 / Nº de ataques en igualdad numérica 5x5) * 100**

3.5. Índice de Eficacia Ofensivo en Doble Superioridad (I.E.O.D.SUP.):

En valor absoluto: **I.E.O.D.SUP. = Nº de goles marcados en doble superioridad numérica / Nº de ataques en doble superioridad numérica**
En valor relativo: **I.E.O.D.SUP. = (Nº de goles marcados en doble superioridad numérica / Nº de ataques en doble superioridad numérica) * 100**

3.6. Índice de Eficacia Ofensivo en Doble Inferioridad (I.E.O.D.IN.):

En valor absoluto: **I.E.O.D.IN. = Nº de goles marcados en doble inferioridad numérica / Nº de ataques en doble inferioridad numérica**
En valor relativo: **I.E.O.D.IN. = (Nº de goles marcados en doble inferioridad numérica / Nº de ataques en doble inferioridad numérica) * 100**

3.7. Índice de Eficacia Ofensivo en Aviso de Juego Pasivo (I.E.O.A.J.P.):

En valor absoluto: **I.E.O.A.J.P. = Nº de goles marcados en aviso de juego pasivo / Nº de ataques en aviso de juego pasivo**
En valor relativo: **I.E.O.D.A.J.P. = (Nº de goles marcados en aviso de juego pasivo / Nº de ataques en aviso de juego pasivo) * 100**

3.8. Índice de Eficacia Defensivo en Igualdad (I.E.D.IG.):

En valor absoluto: **I.E.D.IG. = Nº de goles encajados en igualdad numérica / Nº de defensas en igualdad numérica**
En valor relativo: **I.E.D.IG. = (Nº de goles encajados en igualdad numérica / Nº de defensas en igualdad numérica) * 100**

3.9. Índice de Eficacia Defensivo en Superioridad (I.E.D.SUP.):

En valor absoluto: **I.E.D.SUP. = Nº de goles encajados en superioridad numérica / Nº de defensas en superioridad numérica**
En valor relativo: **I.E.D.SUP. = (Nº de goles encajados en superioridad numérica / Nº de defensas en superioridad numérica) * 100**

3.10. Índice de Eficacia Defensivo en Inferioridad (I.E.D.IN.):

En valor absoluto: **I.E.D.IN. = Nº de goles encajados en inferioridad numérica / Nº de defensas en inferioridad numérica**
En valor relativo: **I.E.D.IN. = (Nº de goles encajados en inferioridad numérica / Nº de defensas en inferioridad numérica) * 100**

3.11. Índice de Eficacia Defensivo en Igualdad 5x5 (I.E.D.IG. 5x5):

En valor absoluto: **I.E.D.IG. 5x5 = Nº de goles encajados en igualdad numérica 5x5 / Nº de defensas en igualdad numérica 5x5**
En valor relativo: **I.E.D.IG. 5x5 = (Nº de goles encajados en igualdad numérica 5x5 / Nº de defensas en igualdad numérica 5x5) * 100**

3.12. Índice de Eficacia Defensivo en Doble Superioridad (I.E.O.D.SUP.):

En valor absoluto: **I.E.D.D.SUP. = Nº de goles encajados en doble superioridad numérica / Nº de defensas en doble superioridad numérica**
En valor relativo: **I.E.D.D.SUP. = (Nº de goles encajados en doble superioridad numérica / Nº de defensas en doble superioridad numérica) * 100**

3.13. Índice de Eficacia Defensivo en Doble Inferioridad (I.E.D.D.IN.):

En valor absoluto: **I.E.D.D.IN. = Nº de goles encajados en doble inferioridad numérica / Nº de defensas en doble inferioridad numérica**
En valor relativo: **I.E.D.D.IN. = (Nº de goles encajados en doble inferioridad numérica / Nº de defensas en doble inferioridad numérica) * 100**

3.14. Índice de Eficacia Defensivo en Aviso de Juego Pasivo (I.E.D.A.J.P.):

En valor absoluto: **I.E.D.A.J.P. = Nº de goles encajados en aviso de juego pasivo / Nº de defensas en aviso de juego pasivo**
En valor relativo: **I.E.D.D.A.J.P. = (Nº de goles encajados en aviso de juego pasivo / Nº de defensas en aviso de juego pasivo) * 100**

3.15. Índice de Posesión de Balón en Igualdad (I.P.B.IG.):

En valor absoluto: **I.P.B.IG. = Tiempo de posesión del balón en igualdad numérica / tiempo efectivo en ataque**
En valor relativo: **I.P.B.IG. = (Tiempo de posesión del balón en igualdad numérica / tiempo efectivo en ataque) * 100**

3.16. Índice de Posesión de Balón en Superioridad (I.P.B.SUP.):

En valor absoluto: **I.P.B.SUP. = Tiempo de posesión del balón en superioridad numérica / tiempo efectivo en ataque**
En valor relativo: **I.P.B.SUP. = (Tiempo de posesión del balón en superioridad numérica / tiempo efectivo en ataque) * 100**

3.17. Índice de Posesión de Balón en Inferioridad (I.P.B.IN.):

En valor absoluto: **I.P.B.IN. = Tiempo de posesión del balón en inferioridad numérica / tiempo efectivo en ataque**
En valor relativo: I.P.B.IN. = (Tiempo de posesión del balón en inferioridad numérica / tiempo efectivo en ataque) * 100

3.18. Índice de Posesión de Balón en Igualdad 5x5 (I.P.B.IG. 5x5):

En valor absoluto: **I.P.B.IG. 5x5 = Tiempo de posesión del balón en igualdad numérica 5x5 / tiempo efectivo en ataque**
En valor relativo: **I.P.B.IG. 5x5 = (Tiempo de posesión del balón en igualdad numérica 5x5 / tiempo efectivo en ataque) * 100**

3.19. Índice de Posesión de Balón en Doble Superioridad (I.P.B.D.SUP.):

En valor absoluto: **I.P.B.D.SUP. = Tiempo de posesión del balón en doble superioridad / tiempo efectivo en ataque**
En valor relativo: **I.P.B.D.SUP. = (Tiempo de posesión del balón en doble superioridad / tiempo efectivo en ataque) * 100**

3.20. Índice de Posesión de Balón en Doble Inferioridad (I.P.B.D.IN.):

En valor absoluto: **I.P.B.D.IN. = Tiempo de posesión del balón en doble inferioridad / tiempo efectivo en ataque**
En valor relativo: **I.P.B.D.IN. = (Tiempo de posesión del balón en doble inferioridad / tiempo efectivo en ataque) * 100**

3.21. Índice de Posesión de Balón en Aviso de Juego Pasivo (I.P.B.A.J.P.):

En valor absoluto: **I.P.B.A.J.P. = Tiempo de posesión del balón en aviso de juego pasivo / tiempo efectivo en ataque**
En valor relativo: **I.P.B.A.J.P. = (Tiempo de posesión del balón en aviso de juego pasivo / tiempo efectivo en ataque) * 100**

3.22. Índice de Desposesión de Balón en Igualdad (I.D.B.IG.):

En valor absoluto: **I.D.B.IG. = Tiempo de desposesión del balón en igualdad numérica / tiempo efectivo en defensa**
En valor relativo: **I.D.B.IG. = (Tiempo de desposesión del balón en igualdad numérica / tiempo efectivo en defensa) x 100**

3.23. Índice de Desposesión de Balón en Superioridad (I.D.B.SUP.):

En valor absoluto: **I.D.B.SUP. = Tiempo de desposesión del balón en superioridad numérica / tiempo efectivo en defensa**
En valor relativo: **I.D.B.SUP. = (Tiempo de desposesión del balón en superioridad numérica / tiempo efectivo en defensa) * 100**

3.24. Índice de Desposesión de Balón en Inferioridad (I.D.B.IN.):

En valor absoluto: **I.D.B.IN. = Tiempo de desposesión del balón en inferioridad numérica / tiempo efectivo en defensa**
En valor relativo: **I.D.B.IN. = (Tiempo de desposesión del balón en inferioridad numérica / tiempo efectivo en defensa) * 100**

3.25. Índice de Desposesión de Balón en Igualdad 5x5 (I.D.B.IG. 5x5):

En valor absoluto: **I.D.B.IG. 5x5 = Tiempo de desposesión del balón en igualdad numérica 5x5 / tiempo efectivo en defensa**
En valor relativo: **I.D.B.IG. 5x5 = (Tiempo de desposesión del balón en igualdad numérica 5x5 / tiempo efectivo en defensa) * 100**

3.26. Índice de Desposesión de Balón en Doble Superioridad (I.D.B.D.SUP.):

En valor absoluto: **I.D.B.D.SUP. = Tiempo de desposesión del balón en doble superioridad numérica / tiempo efectivo en defensa**
En valor relativo: **I.D.B.D.SUP. = (Tiempo de desposesión del balón en doble superioridad numérica / tiempo efectivo en defensa) * 100**

3.27. Índice de Desposesión de Balón en Doble Inferioridad (I.D.B.D.IN.):

En valor absoluto: **I.D.B.D.IN. = Tiempo de desposesión del balón en doble inferioridad numérica / tiempo efectivo en defensa**
En valor relativo: **I.D.B.D.IN. = (Tiempo de desposesión del balón en doble inferioridad numérica / tiempo efectivo en defensa) * 100**

3.28. Índice de Desposesión de Balón en Aviso de Juego Pasivo (I.D.B.A.J.P.):

En valor absoluto: **I.D.B.A.J.P. = Tiempo de desposesión del balón en aviso de juego pasivo / tiempo efectivo en defensa**
En valor relativo: **I.D.B.A.J.P. = (Tiempo de desposesión del balón en aviso de juego pasivo / tiempo efectivo en defensa) * 100**

4. ÍNDICES DE RENDIMIENTO DE EQUIPO A NIVEL TEMPORAL.

Los índices a nivel temporal identifican la duración de los diferentes tipos de ataques y defensas, y el porcentaje de tiempo de juego que el equipo está atacando o defendiendo. También permite conocer la eficacia de cada uno de ellos y establecer que duración en cada fase del juego es más eficaz un equipo.

4.1. Índice de Posesión del Balón (I.P.B.):

Se trata de una referencia temporal de la duración del ataque y el porcentaje de tiempo de juego que el equipo está en posesión del balón.

En valor absoluto: **I.P.B. = Tiempo de posesión del balón / tiempo efectivo total**
En valor relativo: **I.P.B. = (Tiempo de posesión del balón / tiempo efectivo total) * 100**

4.2. Índice de Desposesión del Balón (I.D.B.):

Se trata de una referencia temporal de la duración de la defensa y el porcentaje de tiempo de juego que el equipo está sin la posesión del balón.

En valor absoluto: **I.D.B. = Tiempo de desposesión del balón / tiempo efectivo total**
En valor relativo: **I.D.B. = (Tiempo de desposesión del balón / tiempo efectivo total) * 100**

4.3. Índice de Eficacia de Ataques Rápidos (I.E.A.R.):

El tiempo entre el inicio y la finalización del ataque es menor o igual a 10 segundos.

En valor absoluto: **I.E.A.R.= Nº de goles marcados en ataques rápidos / Nº de ataques rápidos**
En valor relativo: **I.E.A.R = (Nº de goles marcados en ataques rápidos / Nº de ataques rápidos) * 100**

4.4. Índice de Eficacia de Ataques Cortos (I.E.A.C.):

El tiempo entre el inicio y la finalización del ataque es mayor a 10 segundos y menor o igual a 25 segundos.

En valor absoluto: **I.E.A.C.= Nº de goles marcados en ataques cortos / Nº de ataques cortos**
En valor relativo: **I.E.A.C = (Nº de goles marcados en ataques cortos / Nº de ataques cortos) * 100**

4.5. Índice de Eficacia de Ataques Medios (I.E.A.M.):

El tiempo entre el inicio y la finalización del ataque es mayor a 25 segundos y menor o igual a 50 segundos.

En valor absoluto: **I.E.A.M. = Nº de goles marcados en ataques medios / Nº de ataques medios**
En valor relativo: **I.E.A.M. = (Nº de goles marcados en ataques medios / Nº de ataques medios) x 100**

4.6. Índice de Eficacia de Ataques Largos (I.E.A.L.):

El tiempo entre el inicio y la finalización del ataque es mayor a 50 segundos.

En valor absoluto: **I.E.A.L. = Nº de goles marcados en ataques largos / Nº de ataques largos**
En valor relativo: **I.E.A.L. = (Nº de goles marcados en ataques largos / Nº de ataques largos) * 100**

4.7. Índice de Eficacia de Defensas Rápidas (I.E.D.R.):

El tiempo entre el inicio y la finalización de la defensa es menor o igual a 10 segundos.

En valor absoluto: **I.E.D.R.= Nº de goles encajados en defensas rápidas / Nº de defensas rápidas**
En valor relativo: **I.E.D.R. = (Nº de goles encajados en defensas rápidas / Nº de defensas rápidas) * 100**

4.8. Índice de Eficacia de Defensas Cortas (I.E.D.C.):

El tiempo entre el inicio y la finalización de la defensa es mayor a 10 segundos y menor o igual a 25 segundos.

En valor absoluto: **I.E.D.C.= Nº de goles encajados en defensas cortas / Nº de defensas cortas**
En valor relativo: **I.E.D.C = (Nº de goles encajados en defensas cortas / Nº de defensas cortas) * 100**

4.9. Índice de Eficacia de Defensas Medias (I.E.D.M.):

El tiempo entre el inicio y la finalización de la defensa es mayor a 25 segundos y menor o igual a 50 segundos.

En valor absoluto: I.E.D.M. = **Nº de goles encajados en defensas medias / Nº de defensas medias**
En valor relativo: **I.E.D.M. = (Nº de goles encajados en defensas medias / Nº de defensas medias) * 100**

4.10. Índice de Eficacia de Defensas Largas (I.E.D.L.):

El tiempo entre el inicio y la finalización de la defensa es mayor a 50 segundos.

En valor absoluto: I.E.D.L. = **Nº de goles encajados en defensas largas / Nº de defensas largas**
En valor relativo: I.E.D.L. = **(Nº de goles encajados en defensas largas / Nº de defensas largas) * 100**

5. ÍNDICES DE RENDIMIENTO INDIVIDUAL.

Los índices de rendimiento individual se basan en las acciones en las que participa cada jugador en ataque y en defensa. Se analizan los eventos registrados, y se calculan los índices de finalización, participación y valoración de forma individual. De esta forma, se puede tener un cálculo del grado de participación en el juego de forma individual y una puntuación final, es decir, una calificación del jugador en un partido concreto. De igual forma, se pueden calcular todos los índices de rendimiento anteriores por jugador.

5.1. Índice de Finalización Espacial Ofensivo Individual (I.F.E.O.I.):

Es un indicador que muestra las diferentes zonas de finalización ofensivas de un jugador. Da información de las finalizaciones de un jugador en cada una de las zonas de juego, obteniendo una distribución espacial de las posiciones.

En valor absoluto: I.F.E.O.I. = **Nº de acciones de finalización (lanzamientos + blocados + 7 metros recibidos) por cada zona / Nº de acciones totales de finalización**

En valor relativo: I.F.E.O.I. = **[Nº de acciones de finalización (lanzamientos + blocados + 7 metros recibidos) por cada zona / Nº de acciones totales de finalización] * 100**

5.2. Índice de Participación Ofensiva Individual (I.P.O.I.):

Sumatorio de todas sus acciones (eventos) en el partido en ataque.

En valor absoluto: **I.P.O.I. = Nº de eventos ofensivos del jugador / Nº de eventos totales del equipo en ataque**

En valor relativo: **I.P.O.I. = (Nº de eventos ofensivos / Nº de eventos totales del equipo en ataque) * 100**

5.3. Índice de Participación Defensiva Individual (I.P.D.I.):

Sumatorio de todas sus acciones (eventos) en el partido en defensa.

En valor absoluto: **I.P.D.I. = Nº de eventos defensivos del jugador / Nº de eventos totales del equipo en defensa**
En valor relativo: **I.P.D.I. = (Nº de eventos defensivos del jugador / Nº de eventos totales del equipo en defensa) * 100**

5.4. Índice de Participación Total Individual (I.P.T.I.):

Sumatorio de todas sus acciones (eventos) en el partido tanto en ataque, como en defensa.

En valor absoluto: **I.P.T.I. = Nº de eventos ofensivos + Nº de eventos defensivos / Nº de eventos totales del equipo**
En valor relativo: **I.P.T.I. = (Nº de eventos ofensivos + Nº de eventos defensivos / Nº de eventos totales del equipo) * 100**

5.5. Índice de Valoración Ofensivo Individual (I.V.O.I.):

Trata de realizar una valoración individual de cada jugador en ataque, teniendo en cuenta sus aciertos y sus fallos en ataque, con respecto al tiempo de juego.

En valor absoluto: **I.V.O.I. = (Nº de goles + Nº de goles 7 metros + golpes francos recibidos + Asistencias + 7 metros recibidos + sanciones recibidas) - (lanzamientos parados + lanzamientos fuera + lanzamientos bloqueados + lanzamientos parados 7 metros + lanzamientos fuera 7 metros + pérdidas de balón) / Nº de eventos totales del jugador en ataque**

En valor relativo: **I.V.O.I. = [(Nº de goles + Nº de goles 7 metros + golpes francos recibidos + Asistencias + 7 metros recibidos + sanciones recibidas) - (lanzamientos parados + lanzamientos fuera + lanzamientos bloqueados + lanzamientos parados 7 metros + lanzamientos fuera 7 metros+ pérdidas de balón) / Nº de eventos totales del jugador en ataque] * 100**

5.6. Índice de Valoración Defensivo Individual (I.V.D.I.):

Trata de realizar una valoración individual de cada jugador en defensa, teniendo en cuenta sus aciertos y sus fallos en defensa, con respecto al tiempo de juego.

En valor absoluto: **I.V.D.I. = (Recuperaciones de balón + lanzamientos bloqueados) - (sanciones disciplinarias + superado por oponente directo + golpes franco realizados + 7 metros realizados) / Nº de eventos totales del jugador en defensa**

En valor relativo: **I.V.D.I. = [(Recuperaciones de balón + lanzamientos bloqueados) - (sanciones disciplinarias + superado por oponente directo + golpes franco realizados + 7 metros realizados) / Nº de eventos totales del jugador en defensa] * 100**

5.7. Índice de Valoración Total Individual (I.V.T.I.):

Trata de realizar una valoración individual de cada jugador globalmente, teniendo en cuenta sus aciertos y sus fallos en ataque y en defensa, con respecto al número total de eventos en los que participa.

En valor absoluto: **I.V.T.I. = (Nº de goles + Nº de goles 7 metros + golpes francos recibidos + Asistencias + 7 metros provocados + sanciones provocadas + Recuperaciones de balón + lanzamientos bloqueados) - (lanzamientos parados + lanzamientos fuera + lanzamientos bloqueados + lanzamientos parados 7 metros + lanzamientos fuera 7 metros + pérdidas de balón + sanciones disciplinarias + superado por oponente directo + golpes franco realizados + 7 metros realizados) / Nº de eventos totales del jugador**

En valor relativo: **I.V.T.I. = [(Nº de goles + Nº de goles 7 metros + golpes franco recibidos + Asistencias + 7 metros provocados + sanciones provocadas + Recuperaciones de balón + lanzamientos bloqueados) - (lanzamientos parados + lanzamientos fuera + lanzamientos bloqueados + lanzamientos parados 7 metros + lanzamientos fuera 7 metros + pérdidas de balón + sanciones disciplinarias + superado por oponente directo + golpes franco realizados + 7 metros realizados) / Nº de eventos totales del jugador] * 100**

A continuación, se presenta un resumen con las fórmulas de todos los índices de rendimiento en valor absoluto, tanto a nivel ofensivo como a nivel defensivo (Tablas 1.9; 2.9; 3.9; 4.9 y 5.9).

Tabla 1.9. Índices de rendimiento a nivel general.

Índices de rendimiento a nivel general	
FASE OFENSIVA	**FASE DEFENSIVA**
Índice de Eficacia Ofensiva	Índices de Eficacia Defensiva
$\text{I.E.O.} = \dfrac{N^{\underline{o}} \text{ de goles marcados}}{N^{\underline{o}} \text{ de ataques totales}}$	$\text{I.E.D.} = \dfrac{N^{\underline{o}} \text{ de goles encajados}}{N^{\underline{o}} \text{ de defensas totales}}$
Índice de Anotación Ofensiva	Índice de Anotación Defensiva
$\text{I.A.O.} = \dfrac{N^{\underline{o}} \text{ de goles marcados}}{N^{\underline{o}} \text{ de lanzamientos realizados}}$	$\text{I.A.D.} = \dfrac{N^{\underline{o}} \text{ de goles encajados}}{N^{\underline{o}} \text{ de lanzamientos recibidos}}$
Índice de Producción Ofensivo	Índice de Producción Defensivo
$\text{I.P.O.} = \dfrac{N^{\underline{o}} \text{ de lanzamientos realizados} - N^{\underline{o}} \text{ de goles marcados}}{N^{\underline{o}} \text{ de ataques totales}}$	$\text{I.P.D.} = \dfrac{N^{\underline{o}} \text{ de lanzamientos recibidos} - N^{\underline{o}} \text{ de goles encajados}}{N^{\underline{o}} \text{ de defensas totales}}$
Índice de Éxito en Ataques Continuos	Índice de Éxito en Defensas Continuas
$\text{I.E.A.C.} = \dfrac{N^{\underline{o}} \text{ de goles marcados en ataques continuos}}{N^{\underline{o}} \text{ de ataques continuos}}$	$\text{I.E.D.C.} = \dfrac{N^{\underline{o}} \text{ de goles encajados en defensas continuas}}{N^{\underline{o}} \text{ de defensas continuas}}$
Índice de Éxito en Ataques Interrumpidos 1 vez	Índice de Éxito en Defensas Interrumpidas 1 vez
$\text{I.E.A.I. 1} = \dfrac{N^{\underline{o}} \text{ de goles marcados en ataques interrumpidos 1 vez}}{N^{\underline{o}} \text{ de ataques interrumpidos 1 vez}}$	$\text{I.E.D.I. 1} = \dfrac{N^{\underline{o}} \text{ de goles encajados en defensas interrumpidas 1 vez}}{N^{\underline{o}} \text{ de defensas interrumpidas 1 vez}}$
Índice de Éxito en Ataques Interrumpidos más de 1 vez I.E.A.I. 2 $= \dfrac{N^{\underline{o}} \text{ de goles marcados en ataques interrumpidos más de 1 vez}}{N^{\underline{o}} \text{ de ataques interrumpidos más de 1 vez}}$	Índice de Éxito en Defensas interrumpidas más de 1 vez I.E.D.I.2 $= \dfrac{N^{\underline{o}} \text{ de goles encajados en defensas interrumpidas más de 1 vez}}{N^{\underline{o}} \text{ de defensas interrumpidas más de 1 vez}}$

Tabla 2.9. Índices de rendimiento a nivel espacial.

Índices rendimiento a nivel espacial	
FASE OFENSIVA	**FASE DEFENSIVA**
Índice de Anotación Espacial Ofensivo $$\text{I.A.E.O.} = \frac{\text{N}^{\text{o}} \text{ de goles marcados por zonas}}{\text{N}^{\text{o}} \text{ de lanzamientos realizados por zonas}}$$	Índice de Anotación Espacial Defensivo $$\text{I.A.E.D.} = \frac{\text{N}^{\text{o}} \text{ de goles encajados por zonas}}{\text{N}^{\text{o}} \text{ de lanzamientos recibidos por zonas}}$$
Índice de Finalización Espacial Ofensivo $$\text{I.F.E.O.} = \frac{\text{N}^{\text{o}} \text{ de acciones de finalización (lanzamientos+7 metros provocados) por zonas}}{\text{N}^{\text{o}} \text{ de acciones totales de finalización}}$$	Índice de Finalización Espacial Defensivo $$\text{I.F.E.D.} = \frac{\text{N}^{\text{o}} \text{ de acciones de finalización del rival (lanzamientos+7 metros cometidos) por zonas}}{\text{N}^{\text{o}} \text{ de acciones totales de finalización}}$$
Índice de Lateralidad Ofensivo $$\text{I.L.O.L.I.} = \frac{\text{N}^{\text{o}} \text{ de acciones de finalización en el lateral izquierdo}}{\text{N}^{\text{o}} \text{ de acciones totales de finalización}}$$ $$\text{I.L.O.C.} = \frac{\text{N}^{\text{o}} \text{ de acciones de finalización en el centro}}{\text{N}^{\text{o}} \text{ de acciones totales de finalización}}$$ $$\text{I.L.O.D.} = \frac{\text{N}^{\text{o}} \text{ de acciones de finalización en el lateral derecho}}{\text{N}^{\text{o}} \text{ de acciones totales de finalización}}$$	Índice de Lateralidad Defensivo $$\text{I.L.D.L.I.} = \frac{\text{N}^{\text{o}} \text{ de acciones de finalización del equipo rival en el en lateral izquierdo}}{\text{N}^{\text{o}} \text{ de acciones totales de finalización}}$$ $$\text{I.L.D.C.} = \frac{\text{N}^{\text{o}} \text{ de acciones de finalización del equipo rival en el centro}}{\text{N}^{\text{o}} \text{ de acciones totales de finalización}}$$ $$\text{I.L.D.L.D.} = \frac{\text{N}^{\text{o}} \text{ de acciones de finalización del equipo rival en el en lateral izquierdo}}{\text{N}^{\text{o}} \text{ de acciones totales de finalización}}$$
Índice de Profundidad Ofensivo $$\text{I.P.O. 1} = \frac{\text{N}^{\text{o}} \text{ de acciones de finalización en 1}^{\text{a}} \text{ línea}}{\text{N}^{\text{o}} \text{ de acciones totales de finalización}}$$ $$\text{I.P.O. 2} = \frac{\text{N}^{\text{o}} \text{ de acciones de finalización en 2}^{\text{a}} \text{ línea}}{\text{N}^{\text{o}} \text{ de acciones totales de finalización}}$$	Índice de Profundidad Defensivo $$\text{I.P.D. 1} = \frac{\text{N}^{\text{o}} \text{ de acciones de finalización en 1}^{\text{a}} \text{ línea del equipo rival}}{\text{N}^{\text{o}} \text{ de acciones totales de finalización}}$$ $$\text{I.P.D. 2} = \frac{\text{N}^{\text{o}} \text{ de acciones de finalización en 2}^{\text{a}} \text{ línea del equipo rival}}{\text{N}^{\text{o}} \text{ de acciones totales de finalización}}$$

Tabla 3.9. Índices de rendimiento a nivel situacional.

Índices de rendimiento a nivel situacional	
FASE OFENSIVA	**FASE DEFENSIVA**
Índice de Eficacia Ofensivo en Igualdad $$I.E.O.IG. = \frac{N^{\underline{o}}\ de\ goles\ marcados\ en\ igualdad}{N^{\underline{o}}\ de\ ataques\ en\ igualdad}$$	Índice de Eficacia Defensivo en Igualdad $$I.E.D.IG. = \frac{N^{\underline{o}}\ de\ goles\ encajados\ en\ igualdad}{N^{\underline{o}}\ de\ defensas\ en\ igualdad}$$
Índice de Eficacia Ofensivo en Superioridad $$I.E.O.SUP. = \frac{N^{\underline{o}}\ de\ goles\ marcados\ en\ superioridad}{N^{\underline{o}}\ de\ ataques\ en\ superioridad}$$	Índice de Eficacia Defensivo en Superioridad $$I.E.D.SUP. = \frac{N^{\underline{o}}\ de\ goles\ encajados\ en\ superioridad}{N^{\underline{o}}\ de\ defensas\ en\ superioridad}$$
Índice de Eficacia Ofensivo en Inferioridad $$I.E.O.IN. = \frac{N^{\underline{o}}\ de\ goles\ marcados\ en\ inferioridad}{N^{\underline{o}}\ de\ ataques\ en\ inferioridad}$$	Índice de Eficacia Defensivo en Inferioridad $$I.E.D.IN. = \frac{N^{\underline{o}}\ de\ goles\ encajados\ en\ inferioridad}{N^{\underline{o}}\ de\ defensas\ en\ inferioridad}$$
Índice de Eficacia Ofensivo en Igualdad 5x5 $$I.E.O.IG.5x5 = \frac{N^{\underline{o}}\ de\ goles\ marcados\ en\ igualdad\ 5x5}{N^{\underline{o}}\ de\ ataques\ en\ igualdad\ 5x5}$$	Índice de Eficacia Defensivo en Igualdad 5x5 $$I.E.D.IG.5x5 = \frac{N^{\underline{o}}\ de\ goles\ encajados\ en\ igualdad\ 5x5}{N^{\underline{o}}\ de\ defensas\ en\ igualdad\ 5x5}$$
Índice de Eficacia Ofensivo en Doble Superioridad $$I.E.O.D.SUP. = \frac{N^{\underline{o}}\ de\ goles\ marcados\ en\ doble\ superioridad}{N^{\underline{o}}\ de\ ataques\ en\ doble\ superioridad}$$	Índice de Eficacia Defensivo en Doble Superioridad $$I.E.D.IG.5x5 = \frac{N^{\underline{o}}\ de\ goles\ encajados\ en\ doble\ superioridad}{N^{\underline{o}}\ de\ defensas\ en\ doble\ superioridad}$$
Índice de Eficacia Ofensivo en Doble Inferioridad $$I.E.O.D.IN. = \frac{N^{\underline{o}}\ de\ goles\ marcados\ en\ doble\ inferioridad}{N^{\underline{o}}\ de\ ataques\ en\ doble\ inferioridad}$$	Índice de Eficacia Defensivo en Doble Inferioridad $$I.E.D.D.IN. = \frac{N^{\underline{o}}\ de\ goles\ encajados\ en\ doble\ inferioridad}{N^{\underline{o}}\ de\ defensas\ en\ doble\ inferioridad}$$

Índice de Eficacia Ofensivo en Aviso de Juego Pasivo	Índice de Eficacia Defensivo en Aviso de Juego Pasivo
$I.E.O.A.J.P. = \dfrac{N^{\underline{o}} \text{ de goles marcados en aviso de juego pasivo}}{N^{\underline{o}} \text{ de ataques en aviso de juego pasivo}}$	$I.E.D.A.J.P. = \dfrac{N^{\underline{o}} \text{ de goles encajados en aviso de juego pasivo}}{N^{\underline{o}} \text{ de defensas en aviso de juego pasivo}}$
Índice de Posesión de balón en Igualdad	Índice de Desposesión de balón en Igualdad
$I.P.B.IG. = \dfrac{\text{Tiempo de posesión de balón en igualdad}}{\text{Tiempo efectivo en ataque}}$	$I.D.B.IG. = \dfrac{\text{Tiempo de desposesión de balón en igualdad}}{\text{Tiempo efectivo en defensa}}$
Índice de Posesión de balón en Superioridad	Índice de Desposesión de balón en Superioridad
$I.P.B.SUP. = \dfrac{\text{Tiempo de posesión de balón en superioridad}}{\text{Tiempo efectivo en ataque}}$	$I.D.B.SUP. = \dfrac{\text{Tiempo de desposesión de balón en superioridad}}{\text{Tiempo efectivo en defensa}}$
Índice de Posesión de balón en Inferioridad	Índice de Desposesión de balón en Inferioridad
$I.P.B.IN. = \dfrac{\text{Tiempo de posesión de balón en inferioridad}}{\text{Tiempo efectivo en ataque}}$	$I.D.B.IN. = \dfrac{\text{Tiempo de desposesión de balón en inferioridad}}{\text{Tiempo efectivo en defensa}}$
Índice de Posesión de balón en Igualdad 5x5	Índice de Desposesión de balón en Igualdad 5x5
$I.P.B.IG.5x5 = \dfrac{\text{Tiempo de posesión de balón en igualdad 5x5}}{\text{Tiempo efectivo en ataque}}$	$I.D.B.IG.5x5 = \dfrac{\text{Tiempo de desposesión de balón en igualdad 5x5}}{\text{Tiempo efectivo en defensa}}$
Índice de Posesión de balón en Doble Superioridad	Índice de Desposesión de balón en Doble Superioridad
$I.P.B.D.SUP. = \dfrac{\text{Tiempo de posesión de balón en doble superioridad}}{\text{Tiempo efectivo en ataque}}$	$I.D.B.D.SUP. = \dfrac{\text{Tiempo de desposesión de balón doble superioridad}}{\text{Tiempo efectivo en defensa}}$
Índice de Posesión de balón en Doble Inferioridad	Índice de Desposesión de balón en Doble Inferioridad
$I.P.B.D.IN. = \dfrac{\text{Tiempo de posesión de balón en doble inferioridad}}{\text{Tiempo efectivo en ataque}}$	$I.D.B.D.IN. = \dfrac{\text{Tiempo de desposesión de balón doble inferioridad}}{\text{Tiempo efectivo en defensa}}$

Índice de Posesión de balón en Aviso de Juego Pasivo	Índice de Desposesión de balón en Aviso de Juego Pasivo
$\text{I.P.B.A.J.P.} = \dfrac{\text{Tiempo de posesión de balón en aviso de juego pasivo}}{\text{Tiempo efectivo en ataque}}$	$\text{I.D.B.A.J.P.} = \dfrac{\text{Tiempo de desposesión de balón en aviso de juego pasivo}}{\text{Tiempo efectivo en defensa}}$

Tabla 4.9. Índices de rendimiento a nivel temporal.

Índices de rendimiento a nivel temporal	
FASE OFENSIVA	**FASE DEFENSIVA**
Índice de Posesión del balón $$\text{I.P.B.} = \dfrac{\text{Tiempo de posesión del balón}}{\text{Tiempo efectivo total}}$$	Índice de Desposesión del balón $$\text{I.D.B.} = \dfrac{\text{Tiempo de desposesión del balón}}{\text{Tiempo efectivo total}}$$
Índice de Eficacia de Ataques Rápidos $$\text{I.E.A.R.} = \dfrac{\text{N}^{\text{o}}\text{ de goles marcados en ataques rápidos}}{\text{N}^{\text{o}}\text{ de ataques rápidos}}$$	Índice de Eficacia de Defensas Rápidas $$\text{I.E.D.R.} = \dfrac{\text{N}^{\text{o}}\text{ de goles encajados en defensas rápidas}}{\text{N}^{\text{o}}\text{ de defensas rápidas}}$$
Índice de Eficacia de Ataques Cortos $$\text{I.E.A.C.} = \dfrac{\text{N}^{\text{o}}\text{ de goles marcados en ataques cortos}}{\text{N}^{\text{o}}\text{ de ataques cortos}}$$	Índice de Eficacia de Defensas Cortas $$\text{I.E.D.C.} = \dfrac{\text{N}^{\text{o}}\text{ de goles encajados en defensas cortas}}{\text{N}^{\text{o}}\text{ de defensas cortas}}$$
Índice de Eficacia de Ataques Medios $$\text{I.E.A.M.} = \dfrac{\text{N}^{\text{o}}\text{ de goles marcados en ataques medios}}{\text{N}^{\text{o}}\text{ de ataques medios}}$$	Índice de Eficacia de Defensas Medias $$\text{I.E.D.M.} = \dfrac{\text{N}^{\text{o}}\text{ de goles encajados en defensas medias}}{\text{N}^{\text{o}}\text{ de defensas medias}}$$
Índice de Eficacia de Ataques Largos $$\text{I.E.A.L.} = \dfrac{\text{N}^{\text{o}}\text{ de goles marcados en ataques largos}}{\text{N}^{\text{o}}\text{ de ataques largos}}$$	Índice de Eficacia de Defensas Largas $$\text{I.E.D.L.} = \dfrac{\text{N}^{\text{o}}\text{ de goles encajados en defensas largas}}{\text{N}^{\text{o}}\text{ de defensas largas}}$$

Tabla 5.9. Índices de rendimiento invidual.

Índices de rendimiento individual	
FASE OFENSIVA	**FASE DEFENSIVA**
Índice de Finalización Espacial Ofensivo Individual $$I.F.E.O.I. = \frac{\text{N}^{\underline{o}} \text{ de acciones de finalización del jugador por cada zona}}{\text{N}^{\underline{o}} \text{ de acciones totales de finalización del jugador}}$$	
Índice de Participación Ofensiva Individual $$I.P.O.I. = \frac{\text{N}^{\underline{o}} \text{ de eventos ofensivos del jugador}}{\text{N}^{\underline{o}} \text{ de eventos totales del equipo en ataque}}$$	**Índice de Participación Defensiva Individual** $$I.P.D.I. = \frac{\text{N}^{\underline{o}} \text{ de eventos defensivos del jugador}}{\text{N}^{\underline{o}} \text{ de eventos totales del equipo en defensa}}$$
Índice de Participación Total Individual $$I.P.T.I. = \frac{\text{N}^{\underline{o}} \text{ de eventos ofensivos} + \text{n}^{\underline{o}} \text{ de eventos defensivos}}{\text{N}^{\underline{o}} \text{ de eventos totales del equipo}}$$	
Índice de Valoración Ofensivo Individual $$I.V.O.I. = \frac{(\text{N}^{\underline{o}} \text{ goles} + \text{n}^{\underline{o}} \text{ de goles 7 metros} + \text{golpes franco recibidos} + \text{asistencias} + \text{7 metros recibidos} + \text{sanciones recibidas}) - (\text{lanzamientos parados} + \text{lanzamientos fuera} + \text{lanzamientos poste} + \text{lanzamientos bloqueados} + \text{pérdidas})}{\text{N}^{\underline{o}} \text{ de eventos totales del jugador en ataque}}$$	**Índice de Valoración Defensivo Individual** $$I.V.D.I. = \frac{(\text{Recuperaciones} + \text{lanzamientos bloqueados}) - (\text{sanciones cometidas} + \text{superado por oponente directo} + \text{golpes franco cometidos} + \text{7 metros cometidos})}{\text{N}^{\underline{o}} \text{ de eventos totales del jugadorn en defensa}}$
Índice de Valoración Total Individual $$I.V.T.I. = \frac{(\text{N}^{\underline{o}} \text{ de goles} + \text{n}^{\underline{o}} \text{ de goles 7 metros} + \text{golpes franco recibidos} + \text{asistencias} + \text{7 metros recibidos} + \text{sanciones recibidas} + \text{recuperaciones} + \text{lanzamientos bloqueados}) - (\text{lanzamiento parados} + \text{lanzamientos fuera} + \text{lanzamientos poste} + \text{pérdidas} + \text{sanciones cometidas} + \text{superado por oponente directo} + \text{golpes franco cometidos} + \text{7 metros cometidos})}{\text{N}^{\underline{o}} \text{ de eventos totales del jugador}}$$	

CAPÍTULO 10.
Análisis de las variables de rendimiento individuales

Se puede establecer un análisis de las variables de rendimiento a nivel individual en función de las acciones realizadas tanto a nivel ofensivo como a nivel defensivo. Aparecen como un recuento total de las conductas de juego (**valor absoluto**) y se muestra también el valor expresado en porcentaje de las acciones acumuladas de forma individual (**valor relativo**).

1. ANÁLISIS DE LAS ACCIONES OFENSIVAS POR JUGADOR.

Al igual que en el apartado de índices de rendimiento por equipo, se puede establecer un análisis individual por jugador teniendo en cuenta sus zonas de lanzamiento. El campo se divide en 8 zonas en campo ofensivo, y otras 8 zonas en campo defensivo (Figura 1.10):

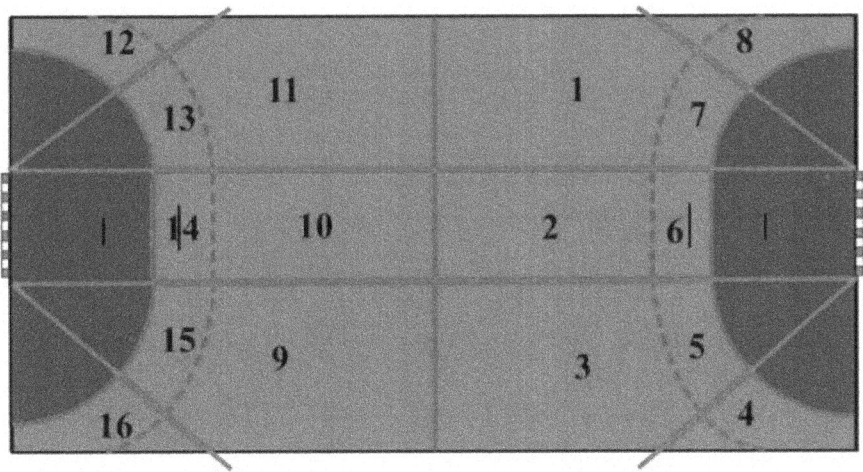

Figura 1.10. Zonas ofensivas y defensivas del campo de balonmano.

Zona 1. Campo ofensivo, carril lateral izquierdo no profundo.
Zona 2. Campo ofensivo, carril central no profundo.

Zona 3. Campo ofensivo, carril lateral derecho no profundo.
Zona 4. Campo ofensivo, carril extremo derecho profundo.
Zona 5. Campo ofensivo, carril lateral derecho profundo.
Zona 6. Campo ofensivo, carril central profundo.
Zona 7. Campo ofensivo, carril lateral izquierdo profundo.
Zona 8. Campo ofensivo, carril extremo izquierdo profundo.
Zona 9. Campo defensivo, carril lateral izquierdo no profundo.
Zona 10. Campo defensivo, carril central no profundo.
Zona 11. Campo defensivo, carril lateral derecho no profundo.
Zona 12. Campo defensivo, carril extremo derecho profundo.
Zona 13. Campo defensivo, carril lateral derecho profundo.
Zona 14. Campo defensivo, carril central profundo.
Zona 15. Campo defensivo, carril lateral izquierdo profundo.
Zona 16. Campo defensivo, carril extremo izquierdo profundo.

1.1. Análisis de las Zonas de Lanzamiento:

Zona 1.

En valor absoluto: **Lanzamientos Zona 1 = Nº de goles en zona 1 / Nº de lanzamientos en zona 1**
En valor relativo: **Lanzamientos Zona 1 = (Nº de goles en zona 1 / Nº de lanzamientos en zona 1) *100**

Zona 2.

En valor absoluto: **Lanzamientos Zona 2 = Nº de goles en zona 2 / Nº de lanzamientos en zona 2**
En valor relativo: **Lanzamientos Zona 2 = (Nº de goles en zona 2 / Nº de lanzamientos en zona 2) *100**

Zona 3.

En valor absoluto: **Lanzamientos Zona 3 = Nº de goles en zona 3 / Nº de lanzamientos en zona 3**
En valor relativo: **Lanzamientos Zona 3 = (Nº de goles en zona 3 / Nº de lanzamientos en zona 3) *100**

Zona 4.

En valor absoluto: **Lanzamientos Zona 4 = Nº de goles en zona 4 / Nº de lanzamientos en zona 4**

En valor relativo: **Lanzamientos Zona 4 = (Nº de goles en zona 4 / Nº de lanzamientos en zona 4) *100**

Zona 5.

En valor absoluto: **Lanzamientos Zona 5 = Nº de goles en zona 5 / Nº de lanzamientos en zona 5**

En valor relativo: **Lanzamientos Zona 5 = (Nº de goles en zona 5 / Nº de lanzamientos en zona 5) *100**

Zona 6.

En valor absoluto: **Lanzamientos Zona 6 = Nº de goles en zona 6 / Nº de lanzamientos en zona 6**

En valor relativo: **Lanzamientos Zona 6 = (Nº de goles en zona 6 / Nº de lanzamientos en zona 6) *100**

Zona 7.

En valor absoluto: **Lanzamientos Zona 7 = Nº de goles en zona 7 / Nº de lanzamientos en zona 7**

En valor relativo: **Lanzamientos Zona 7 = (Nº de goles en zona 7 / Nº de lanzamientos en zona 7) *100**

Zona 8.

En valor absoluto: **Lanzamientos Zona 8 = Nº de goles en zona 8 / Nº de lanzamientos en zona 8**

En valor relativo: **Lanzamientos Zona 8 = (Nº de goles en zona 8 / Nº de lanzamientos en zona 8) *100**

Lanzamientos 6 metros.

En valor absoluto: **Lanzamientos 6 metros = Nº de goles en zonas 5, 6, 7 y 8 / Nº de lanzamientos en zonas 5, 6, 7 y 8**

En valor relativo: **Lanzamientos 6 metros = (Nº de goles en zonas 5, 6, 7 y 8 / Nº de lanzamientos en zonas 5, 6, 7 y 8) *100**

Lanzamiento 9 metros.

En valor absoluto: **Lanzamientos 9 metros = Nº de goles en zonas 1, 2, 3 y 4 / Nº de lanzamientos en zonas 1, 2, 3 y 4**

En valor relativo: **Lanzamientos 9 metros = (Nº de goles en zonas 1, 2, 3 y 4 / Nº de lanzamientos en zonas 1, 2, 3 y 4) *100**

Lanzamientos 7 metros.

En valor absoluto: **Lanzamientos 7 metros = Nº de goles de 7 metros / Nº de lanzamientos de 7 metros**

En valor relativo: **Lanzamientos 7 metros = (Nº de goles de 7 metros / Nº de lanzamientos de 7 metros) *100**

Lanzamientos Con Oposición.

En valor absoluto: **Lanzamientos con oposición = Nº de goles con oposición / Nº de lanzamientos con oposición**

En valor relativo: **Lanzamientos con oposición = (Nº de goles con oposición / Nº de lanzamientos con oposición) *100**

Lanzamientos Sin Oposición.

En valor absoluto: **Lanzamientos sin oposición = Nº de goles sin oposición / Nº de lanzamientos sin oposición**

En valor relativo: **Lanzamientos sin oposición = (Nº de goles sin oposición / Nº de lanzamientos sin oposición) *100**

Lanzamientos totales.

En valor absoluto: **Lanzamientos totales = Nº de goles totales / Nº de lanzamientos totales**

En valor relativo: **Lanzamientos totales = (Nº de goles totales / Nº de lanzamientos totales) *100**

1.2. Análisis de la Localización del Lanzamiento:

Se pueden establecer zonas dentro de la portería para la localización del lanzamiento. En primer lugar, la zona de la portería se divide en 9 zonas trazando dos líneas imaginarias paralelas al suelo desde el margen superior del tercer rectángulo de cada poste y otras dos líneas imaginarias perpendiculares al suelo desde el lado interior del quinto rectángulo de cada lado del larguero, originando 9 cuadrantes que corresponden a las 9 zonas para localizar el lanzamiento dirigido hacia la portería.

Se establecen finalmente 12 zonas para la localización de los lanzamientos que pueden finalizar en gol (Figura 2.10). Si un lanzamiento, bota en el área de portería delante o a la misma altura del portero y el balón termina en gol o es parado por el portero se anota la zona 10, la zona 11 o la zona 12 según corresponda. Los lanzamientos al poste son localizados en las zonas fuera de la portería cercana al cuadrante correspondiente. Los lanzamientos fuera de la portería son localizados en las zonas desde el número 13 al número 21.

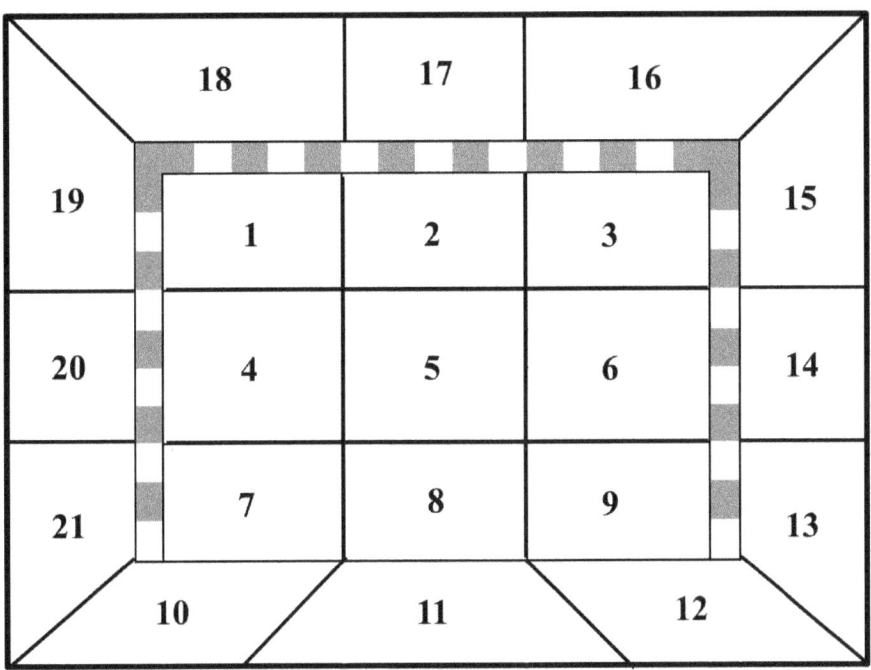

Figura 2.10. Zonas de localización del lanzamiento en la portería.

Dentro de la localización del lanzamiento se pueden establecer ciertas categorías para agrupar zonas de lanzamientos más amplias (Figura 3.10):

- *En función de la altura:*

    ➢ Zona alta: Zona 1, zona 2 y zona 3.
    ➢ Zona media: Zona 4, zona 5 y zona 6.

➤ Zona baja: Zona 7, zona 8, zona 9, zona 10, zona 11 y zona 12.

- *En función de la lateralidad:*

    ➤ Zona derecha: Zona 1, zona 4, zona 7 y zona 10.
    ➤ Zona central: Zona 2, zona 5, zona 8 y zona 11.
    ➤ Zona izquierda: Zona 3, zona 6, zona 9 y zona 12.

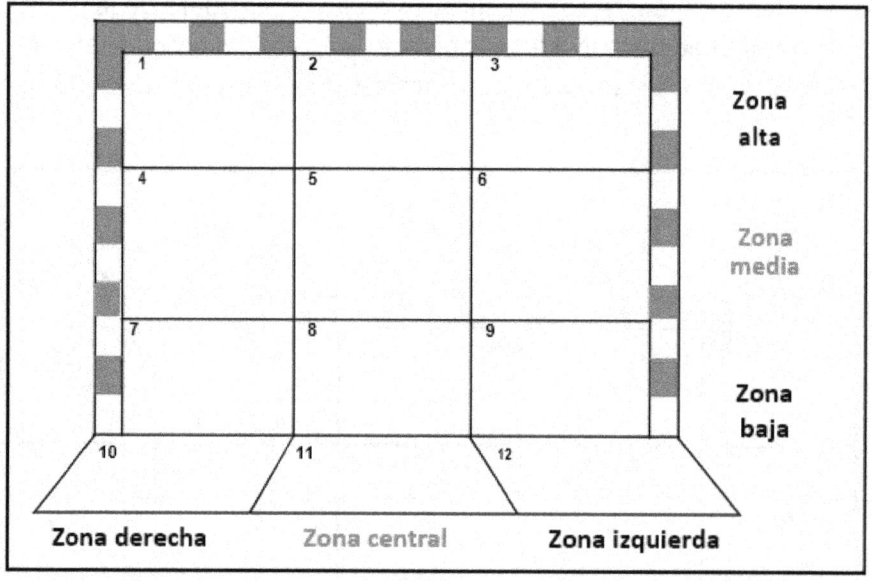

Figura 3.10. Zonas de localización de goles y paradas de lanzamientos.

Localización Zona 1.

En valor absoluto: **Localización Zona 1 = Nº de goles en zona 1 / Nº de lanzamientos en zona 1**
En valor relativo: **Localización Zona 1 = (Nº de goles en zona 1 / Nº de lanzamientos en zona 1) *100**

Localización Zona 2.

En valor absoluto: **Localización Zona 2 = Nº de goles en zona 2 / Nº de lanzamientos en zona 2**
En valor relativo: **Localización Zona 2 = (Nº de goles en zona 2 / Nº de lanzamientos en zona 2) *100**

Localización Zona 3.

En valor absoluto: **Localización Zona 3 = Nº de goles en zona 3 / Nº de lanzamientos en zona 3**
En valor relativo: **Localización Zona 3 = (Nº de goles en zona 3 / Nº de lanzamientos en zona 3) *100**

Localización Zona 4.

En valor absoluto: **Localización Zona 4 = Nº de goles en zona 4 / Nº de lanzamientos en zona 4**
En valor relativo: **Localización Zona 4 = (Nº de goles en zona 4 / Nº de lanzamientos en zona 4) *100**

Localización Zona 5.

En valor absoluto: **Localización Zona 5 = Nº de goles en zona 5 / Nº de lanzamientos en zona 5**
En valor relativo: **Localización Zona 5 = (Nº de goles en zona 5 / Nº de lanzamientos en zona 5) *100**

Localización Zona 6.

En valor absoluto: **Localización Zona 6 = Nº de goles en zona 6 / Nº de lanzamientos en zona 6**
En valor relativo: **Localización Zona 6 = (Nº de goles en zona 6 / Nº de lanzamientos en zona 6) *100**

Localización Zona 7.

En valor absoluto: **Localización Zona 7 = Nº de goles en zona 7 / Nº de lanzamientos en zona 7**
En valor relativo: **Localización Zona 7 = (Nº de goles en zona 7 / Nº de lanzamientos en zona 7) *100**

Localización Zona 8.

En valor absoluto: **Localización Zona 8 = Nº de goles en zona 8 / Nº de lanzamientos en zona 8**
En valor relativo: **Localización Zona 8= (Nº de goles en zona 8 / Nº de lanzamientos en zona 8) *100**

Localización Zona 9.

En valor absoluto: **Localización Zona 9 = Nº de goles en zona 9 / Nº de lanzamientos en zona 9**
En valor relativo: **Localización Zona 9 = (Nº de goles en zona 9 / Nº de lanzamientos en zona 9) *100**

Localización Zona 10.

En valor absoluto: **Localización Zona 10 = Nº de goles en zona 10 / Nº de lanzamientos en zona 10**
En valor relativo: **Localización Zona 10 = (Nº de goles en zona 10 / Nº de lanzamientos en zona 10) *100**

Localización Zona 11.

En valor absoluto: **Localización Zona 11 = Nº de goles en zona 11 / Nº de lanzamientos en zona 11**
En valor relativo: **Localización Zona 11 = (Nº de goles en zona 11 / Nº de lanzamientos en zona 11) *100**

Localización Zona 12.

En valor absoluto: **Localización Zona 12 = Nº de goles en zona 12 / Nº de lanzamientos en zona 12**
En valor relativo: **Localización Zona 12 = (Nº de goles en zona 12 / Nº de lanzamientos en zona 12) *100**

1.3. Análisis de las Acciones Individuales Ofensivas:

Se establece también un análisis individual de cada una de las acciones ofensivas del jugador.

Asistencias.

En valor absoluto: **Asistencias = Nº de asistencias / Nº de acciones ofensivas en las que participa**
En valor relativo: **Asistencias = (Nº de asistencias / Nº de acciones ofensivas en las que participa) *100**

Golpes Franco recibidos.

En valor absoluto: **Golpes Franco recibidos = Nº de Golpes Franco recibidos / Nº de acciones ofensivas en las que participa**
En valor relativo: **Golpes Franco recibidos = (Nº de Golpes Franco recibidos / Nº de acciones ofensivas en las que participa) *100**

7 metros recibidos.

En valor absoluto: **7 metros recibidos = Nº de 7 metros recibidos / Nº de acciones ofensivas en las que participa**
En valor relativo: **7 metros recibidos = (Nº de 7 metros recibidos / Nº de acciones ofensivas en las que participa) *100**

Lanzamientos blocados.

En valor absoluto: **Lanzamientos blocados = Nº de Lanzamientos blocados / Nº de acciones ofensivas en las que participa**
En valor relativo: **Lanzamientos blocados = (Nº de Lanzamientos blocados / Nº de acciones ofensivas en las que participa) *100**

Sanciones disciplinarias recibidas.

En valor absoluto: **Sanciones recibidas = Nº de Sanciones recibidas (amonestación, exclusión y descalificación) / Nº de acciones ofensivas en las que participa**
En valor relativo: **Sanciones recibidas = [Nº de Sanciones recibidas (amonestación, exclusión y descalificación) / Nº de acciones ofensivas en las que participa] *100**

Pérdidas.

Se entiende como pérdida de balón por parte de un jugador debido a un error técnico. Se distinguen dos tipos:

> *Pérdida no forzada:* Pérdida de balón por parte de un jugador atacante en la que no interviene ningún jugador defensor. El atacante pierde el balón por un error técnico, como, por ejemplo, un fuera de banda, un error de pase, un error de recepción, un error de manejo de balón, etc…

> *Pérdida forzada:* Pérdida de balón por parte de un jugador atacante en la que interviene al menos un jugador defensor. El

defensor recupera el balón por medio de una interceptación, un robo de balón o un error forzado del atacante gracias a la intervención del jugador defensor.

En valor absoluto: **Pérdidas = Nº de Pérdidas (forzadas y no forzadas) / Nº de acciones ofensivas en las que participa**
En valor relativo: **Pérdidas = [Nº de Pérdidas (forzadas y no forzadas) / Nº de acciones ofensivas en las que participa] *100**

Infracción reglamentaria.

En valor absoluto: **Infracción reglamentaria = Nº de Infracciones reglamentarias (falta en ataque, pie, invasión de área, pasos, dobles y juego pasivo) / Nº de acciones ofensivas en las que participa**
En valor relativo: **Infracción reglamentaria = [Nº de Infracciones reglamentarias (falta en ataque, pie, invasión de área, pasos, dobles y juego pasivo) / Nº de acciones ofensivas en las que participa] *100**

2. ANÁLISIS DE LAS ACCIONES DEFENSIVAS POR JUGADOR.

2.1. Análisis de las Acciones Individuales Defensivas:

Se establece de la misma forma un análisis individual de cada una de las acciones defensivas del jugador.

Superado por oponente directo.

Acción defensiva en la que el jugador defensor es superado por un atacante con balón mediante un desplazamiento, finta o fijación. Se considera superar a un oponente la acción de sobrepasar a un adversario en el uno contra uno. Es decir, cuando el jugador defensor no tiene éxito defensivo y el atacante supera al defensor consiguiendo una ocasión clara de gol independientemente si finaliza o no en gol.

En valor absoluto: **Superado por oponente directo = Nº de veces superado por oponente directo / Nº de acciones defensivas en las que participa**

En valor relativo: **Superado por oponente directo = (Nº de veces superado por oponente directo / Nº de acciones defensivas en las que participa) *100**

Golpes Franco cometidos.

En valor absoluto: **Golpes Franco cometidos = Nº de Golpes Franco cometidos / Nº de acciones defensivas en las que participa**
En valor relativo: **Golpes Franco cometidos = (Nº de Golpes Franco cometidos / Nº de acciones defensivas en las que participa) *100**

7 metros cometidos.

En valor absoluto: **7 metros cometidos = Nº de 7 metros cometidos / Nº de acciones defensivas en las que participa**
En valor relativo: **7 metros cometidos = (Nº de 7 metros cometidos / Nº de acciones defensivas en las que participa) *100**

Blocajes.

En valor absoluto: **Blocajes = Nº de blocajes / Nº de acciones defensivas en las que participa**
En valor relativo: **Blocajes = (Nº de blocajes / Nº de acciones defensivas en las que participa) *100**

Sanciones disciplinarias cometidas.

En valor absoluto: **Sanciones cometidas = Nº de Sanciones cometidas (amonestación, exclusión y descalificación) / Nº de acciones defensivas en las que participa**
En valor relativo: **Sanciones cometidas = [Nº de Sanciones cometidas (amonestación, exclusión y descalificación) / Nº de acciones defensivas en las que participa] *100**

Recuperaciones.

Cuando el equipo defensor recupera la posesión de balón independientemente de la causa de la pérdida. Se distinguen dos tipos:

➢ *Recuperación no forzada:* Recuperación de un jugador defensor como consecuencia de un error por parte de un jugador atacante. Se puede dar por un fuera de banda, un error de pase, un error de recepción o un error técnico del atacante.

> *Recuperación forzada:* Recuperación de un jugador defensor como consecuencia de una interceptación, un robo de balón o un error forzado por parte de un atacante gracias a la intervención de un jugador defensor (falta en ataque provocada).

En valor absoluto: **Recuperaciones = Nº de Recuperaciones (no forzadas y forzadas) / Nº de acciones defensivas en las que participa**
En valor relativo: **Recuperaciones = [Nº de Recuperaciones (no forzadas y forzadas) / Nº de acciones defensivas en las que participa] *100**

3. ANÁLISIS DE LAS ACCIONES DEL PORTERO.

Se establece las zonas del campo desde las cuales el lanzador ejecuta la acción de lanzamiento hacia la portería rival. La posición del portero viene determinada en función de la zona dónde esté situado el lanzador (Figura 4.10).

3.1. Análisis de las Zonas desde dónde se ejecutan los Lanzamientos:

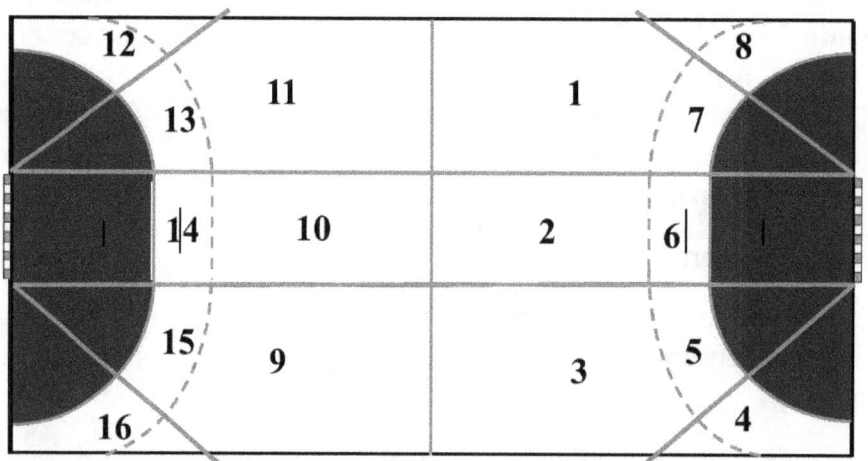

Figura 4.10. Zonas ofensivas y defensivas del campo de balonmano.

Zona 9.

En valor absoluto: **Lanzamientos Zona 9 = Nº de goles encajados desde zona 9 / Nº de lanzamientos ejecutados desde zona 9**
En valor relativo: **Lanzamientos Zona 9 = (Nº de goles encajados desde zona 9 / Nº de lanzamientos ejecutados desde zona 9) *100**

Zona 10.

En valor absoluto: **Lanzamientos Zona 10 = Nº de goles encajados desde zona 10 / Nº de lanzamientos ejecutados desde zona 10**
En valor relativo: **Lanzamientos Zona 2 = (Nº de goles encajados desde zona 10 / Nº de lanzamientos ejecutados desde zona 10) *100**

Zona 11.

En valor absoluto: **Lanzamientos Zona 11 = Nº de goles encajados desde zona 11 / Nº de lanzamientos ejecutados desde zona 11**
En valor relativo: **Lanzamientos Zona 11 = (Nº de goles encajados desde zona 11 / Nº de lanzamientos ejecutados desde zona 11) *100**

Zona 12.

En valor absoluto: **Lanzamientos Zona 12 = Nº de goles encajados desde zona 12 / Nº de lanzamientos ejecutados desde zona 12**
En valor relativo: **Lanzamientos Zona 12 = (Nº de goles encajados desde zona 12 / Nº de lanzamientos ejecutados desde zona 12) *100**

Zona 13.

En valor absoluto: **Lanzamientos Zona 13 = Nº de goles encajados desde zona 13 / Nº de lanzamientos ejecutados desde zona 13**
En valor relativo: **Lanzamientos Zona 13 = (Nº de goles encajados desde zona 13 / Nº de lanzamientos ejecutados desde zona 13) *100**

Zona 14.

En valor absoluto: **Lanzamientos Zona 14 = Nº de goles encajados desde zona 14 / Nº de lanzamientos ejecutados desde zona 14**
En valor relativo: **Lanzamientos Zona 14 = (Nº de goles encajados desde zona 14 / Nº de lanzamientos ejecutados desde zona 14) *100**

Zona 15.

En valor absoluto: **Lanzamientos Zona 15 = Nº de goles encajados desde zona 15 / Nº de lanzamientos ejecutados desde zona 15**
En valor relativo: **Lanzamientos Zona 15 = (Nº de goles encajados desde zona 15 / Nº de lanzamientos ejecutados desde zona 15) *100**

Zona 16.

En valor absoluto: **Lanzamientos Zona 16 = Nº de goles encajados desde zona 16 / Nº de lanzamientos ejecutados desde zona 16**
En valor relativo: **Lanzamientos Zona 16 = (Nº de goles encajados desde zona 16 / Nº de lanzamientos ejecutados desde zona 16) *100**

Lanzamientos 6 metros.

En valor absoluto: **Lanzamientos 6 metros = Nº de goles encajados desde zonas 12, 13, 14, 15 y 16 / Nº de lanzamientos ejecutados desde zonas 12, 13, 14, 15 y 16**
En valor relativo: **Lanzamientos 6 metros = (Nº de goles encajados desde zonas 12, 13, 14, 15 y 16 / Nº de lanzamientos ejecutados desde zonas 12, 13, 14, 15 y 16) *100**

Lanzamiento 9 metros.

En valor absoluto: **Lanzamientos 9 metros = Nº de goles encajados desde zonas 9, 10 y 11 / Nº de lanzamientos ejecutados desde zonas 9, 10 y 11**
En valor relativo: **Lanzamientos 9 metros = (Nº de goles encajados desde zonas 9, 10 y 11 / Nº de lanzamientos ejecutados desde zonas 9, 10 y 11) *100**

Lanzamientos 7 metros.

En valor absoluto: **Lanzamientos 7 metros = Nº de goles encajados desde 7 metros / Nº de lanzamientos ejecutados desde 7 metros**
En valor relativo: **Lanzamientos 7 metros = (Nº de goles encajados desde 7 metros / Nº de lanzamientos ejecutados desde 7 metros) *100**

Lanzamientos totales.

En valor absoluto: **Lanzamientos totales = Nº de goles encajados / Nº de lanzamientos totales ejecutados**

En valor relativo: **Lanzamientos totales = (Nº de goles encajados / Nº de lanzamientos totales ejecutados) *100**

3.2. Análisis de las Zonas de la Portería dónde se dirige el Lanzamiento:

Se establecen un total de 12 zonas diferentes por dónde el portero puede encajar un gol o bien realizar una parada (Figura 5.10).

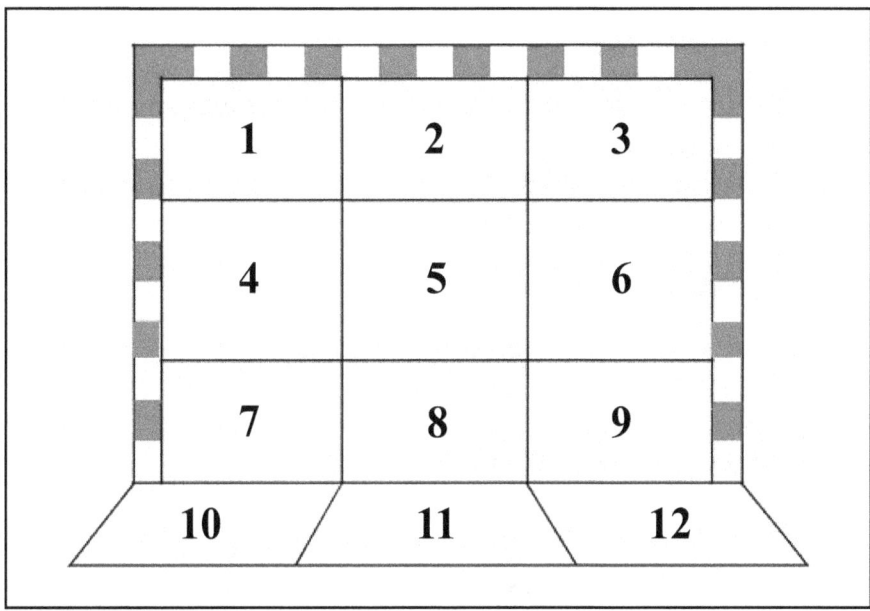

Figura 5.10. *Zonas de localización de gol o parada del portero.*

Localización zona 1. Zona alta derecha del portero.
Localización zona 2. Zona alta central del portero.
Localización zona 3. Zona alta izquierda del portero.
Localización zona 4. Zona media derecha del portero.
Localización zona 5. Zona media central del portero.
Localización zona 6. Zona media izquierda del portero.
Localización zona 7. Zona baja derecha del portero.
Localización zona 8. Zona baja central del portero.
Localización zona 9. Zona baja izquierda del portero.

Localización zona 10. Zona de bote de balón derecha del portero.
Localización zona 11. Zona de bote de balón central del portero.
Localización zona 12. Zona de bote de balón izquierda del portero.

Localización Zona 1.

En valor absoluto: **Localización Zona 1 = Nº de paradas en zona 1 / Nº de lanzamientos en zona 1**
En valor relativo: **Localización Zona 1 = (Nº de paradas en zona 1 / Nº de lanzamientos en zona 1) *100**

Localización Zona 2.

En valor absoluto: **Localización Zona 2 = Nº de paradas en zona 2 / Nº de lanzamientos en zona 2**
En valor relativo: **Localización Zona 2 = (Nº de paradas en zona 2 / Nº de lanzamientos en zona 2) *100**

Localización Zona 3.

En valor absoluto: **Localización Zona 3 = Nº de paradas en zona 3 / Nº de lanzamientos en zona 3**
En valor relativo: **Localización Zona 3 = (Nº de paradas en zona 3 / Nº de lanzamientos en zona 3) *100**

Localización Zona 4.

En valor absoluto: **Localización Zona 4 = Nº de paradas en zona 4 / Nº de lanzamientos en zona 4**
En valor relativo: **Localización Zona 4 = (Nº de paradas en zona 4 / Nº de lanzamientos en zona 4) *100**

Localización Zona 5.

En valor absoluto: **Localización Zona 5 = Nº de paradas en zona 5 / Nº de lanzamientos en zona 5**
En valor relativo: **Localización Zona 5 = (Nº de paradas en zona 5 / Nº de lanzamientos en zona 5) *100**

Localización Zona 6.

En valor absoluto: **Localización Zona 6 = Nº de paradas en zona 6 / Nº de lanzamientos en zona 6**
En valor relativo: **Localización Zona 6 = (Nº de paradas en zona 6 / Nº de lanzamientos en zona 6) *100**

Localización Zona 7.

En valor absoluto: **Localización Zona 7 = Nº de paradas en zona 7 / Nº de lanzamientos en zona 7**
En valor relativo: **Localización Zona 7 = (Nº de paradas en zona 7 / Nº de lanzamientos en zona 7) *100**

Localización Zona 8.

En valor absoluto: **Localización Zona 8 = Nº de paradas en zona 8 / Nº de lanzamientos en zona 8**
En valor relativo: **Localización Zona 8= (Nº de paradas en zona 8 / Nº de lanzamientos en zona 8) *100**

Localización Zona 9.

En valor absoluto: **Localización Zona 9 = Nº de paradas en zona 9 / Nº de lanzamientos en zona 9**
En valor relativo: **Localización Zona 9 = (Nº de paradas en zona 9 / Nº de lanzamientos en zona 9) *100**

Localización Zona 10.

En valor absoluto: **Localización Zona 10 = Nº de paradas en zona 10 / Nº de lanzamientos en zona 10**
En valor relativo: **Localización Zona 10 = (Nº de paradas en zona 10 / Nº de lanzamientos en zona 10) *100**

Localización Zona 11.

En valor absoluto: **Localización Zona 11 = Nº de paradas en zona 11 / Nº de lanzamientos en zona 11**
En valor relativo: **Localización Zona 11 = (Nº de paradas en zona 11 / Nº de lanzamientos en zona 11) *100**

Localización Zona 12.

En valor absoluto: **Localización Zona 12 = Nº de paradas en zona 12 / Nº de lanzamientos en zona 12**

En valor relativo: **Localización Zona 12 = (Nº de paradas en zona 12 / Nº de lanzamientos en zona 12) *100**

BLOQUE V
APLICACIÓN DEL ANÁLISIS E ÍNDICES DE RENDIMIENTO A UN PARTIDO DE BALONMANO

CAPÍTULO 11.
Aplicación de los índices de rendimiento colectivo e individual

A continuación, se detallan los índices de rendimiento pertenecientes a la final del XXIII Campeonato del Mundo de balonmano masculino celebrado en España en 2013 en dónde se enfrentaron las selecciones de España y Dinamarca. Todos los valores utilizados para calcular dichos índices fueron registrados por medio de la herramienta de observación en tiempo real HandballTas (*Handball Tactic Analysis System*) validada en González-García, Casáis, Viaño y Gómez (2016).

Hay que tener en cuenta que los valores de eficacia de algunos índices de rendimiento son mejores cuanto más se aproximen a 1, si se habla en valor absoluto, y a 100% si se habla en valor relativo. En el Índice de Eficacia Ofensivo (I.E.O.) sus valores son mejores cuanto más se aproximen a 1 y a 100%, y dicho índice aparece con el signo «⁺». Por el contrario, en otros índices de rendimiento sus valores son mejores cuanto más se aproximen a 0 en valor absoluto y a 0% en valor relativo. Por ejemplo, en el Índice de Producción Ofensivo (I.P.O.), sus valores son mejores cuanto más se aproximan a 0 y a 0%, y dicho índice aparece con el signo «⁻».

1. ÍNDICES DE RENDIMIENTO A NIVEL GENERAL.

Analizando los índices de rendimiento a nivel general de ambas selecciones (Figura 6.11) se observa que España obtiene mejores valores que Dinamarca tanto en los índices ofensivos como en los defensivos.

España supera en un 26.33% más a Dinamarca en el Índice de Eficacia Ofensivo (I.E.O.), en un 23.51% en el Índice de Anotación Ofensivo (I.A.O.), y en un 11.8% en el Índice de Producción Ofensivo

(I.P.O.). España presenta los porcentajes más altos en el Índice de Éxito en Ataques Interrumpidos una vez (I.E.A.I. 1), y en el Índice de Éxito en Ataques Interrumpidos más una vez (I.E.A.I. 2). Dinamarca presenta sus valores más elevados en el Índice de Éxito en Ataques Interrumpidos una vez (I.E.A.I. 1).

Los índices de rendimiento ofensivos se corresponden con los defensivos de manera que España supera a Dinamarca en todos los índices de eficacia defensivos obteniendo las mismas diferencias de porcentajes que en ataque. Excepto el Índice de Producción Defensivo (I.P.D.) con una diferencia de 11.38 % a favor de España, el resto de los índices defensivos son mejores cuanto más se acerca su valor a 0 (Figura 1.11).

Índices de Rendimiento a nivel general				
ÍNDICES OFENSIVOS	ESPAÑA		DINAMARCA	
	VA	VR	VA	VR
Índice de Eficacia Ofensivo (I.E.O.) +	0.56	55.56 %	0.29	29.23 %
Índice de Anotación Ofensivo (I.A.O.) +	0.65	64.81 %	0.41	41.30 %
Índice de Producción Ofensivo (I.P.O.) -	0.30	30.16 %	0.42	41.54 %
Índice de Éxito en Ataques Continuos (I.E.A.C.) +	0.50	50.98 %	0.22	22.64 %
Índice de Éxito en Ataques Interrumpidos 1 vez (I.E.A.I. 1) +	0.75	75 %	0.66	66.66 %
Índice de Éxito en Ataques Interrumpidos más de 1 vez (I.E.A.I. 2) +	0.75	75 %	0.33	33.33 %
ÍNDICES DEFENSIVOS	ESPAÑA		DINAMARCA	
	VA	VR	VA	VR
Índice de Eficacia Defensivo (I.E.D.) -	0.29	29.23 %	0.56	55.56 %
Índice de Anotación Defensivo (I.A.D.) -	0.41	41.30 %	0.65	64.81 %
Índice de Producción Defensivo (I.P.D.) +	0.42	41.54 %	0.30	30.16 %
Índice de Éxito en Defensas Continuas (I.E.D.C.) -	0.22	22.64 %	0.50	50.98 %
Índice de Éxito en Defensas Interrumpidas 1 vez (I.E.D.I. 1) -	0.66	66.66 %	0.75	75 %
Índice de Éxito en Defensas Interrumpidas más de 1 vez (I.E.D.I. 2) -	0.33	33.33 %	0.75	75 %

Figura 1.11. *Índices de rendimiento a nivel general.*

2. ÍNDICES DE RENDIMIENTO A NIVEL ESPACIAL.

En cuanto a los índices de rendimiento de equipo a nivel espacial, España supera en el Índice de Anotación Espacial Ofensivo (I.A.E.O.) a Dinamarca en la mayoría de las zonas. Únicamente la selección danesa supera en la relación entre goles y lanzamientos por zonas a la selección española en el extremo derecho y en el lateral derecho profundo. En las zonas cercanas a la portería aparecen los mejores índices de anotación para ambas selecciones. El mejor I.A.E.O. es para las zonas laterales: España en el lateral izquierdo profundo con un valor de 100%, y Dinamarca en el lateral derecho profundo con un valor de 75%. El peor I.A.E.O. se encuentra en los extremos: España en la zona de extremo derecho con un 0%, y Dinamarca en la zona de extremo izquierdo con un 25%.

El Índice de Finalización Espacial Ofensivo (I.F.E.O.) es un indicador de las acciones de finalización durante el ataque en cada zona. Se observa que el combinado español tiende a finalizar con mayor frecuencia en zona central no profunda y zona lateral izquierda profunda, por el contrario, Dinamarca tiene una tendencia en finalizar por zonas menos profundas, buscando más los lanzamientos a distancia. Ambas selecciones tienen su mayor I.F.E.O. en zona central lejos de la portería: España con un valor de 20.75%, y Dinamarca con un valor de 22.73%. Las zonas con menor número de finalizaciones son el extremo derecho en España con un valor de 3.77%, y la zona de extremo derecho y central profundo en Dinamarca con un valor de 6.82% en cada zona.

Los índices de rendimiento a nivel espacial en fase defensiva para la selección española se corresponden con los índices de rendimiento en fase ofensiva de la selección danesa y viceversa (Figura 6.12). En este caso, en cuanto a los índices de rendimiento a nivel espacial, el mejor Índice de Anotación Defensivo (I.A.D.) para España se da en la zona de extremo izquierdo, y el peor índice en zonas cercanas a la portería, zona central y zona lateral derecho. Para Dinamarca, el mejor I.A.D. se da en zona de extremo derecho, y el peor índice en zonas cercanas a la portería, zona central y lateral. En cuanto al Índice de Finalización Espacial Defensivo (I.F.E.D.), las zonas en las que más finalizaciones soportan la selección española son las más alejadas de la portería, y en la selección danesa son la zona central no profunda y la zona derecha profunda (Figura 2.11).

Índices de Rendimiento a nivel espacial (I)									
I.A.E.O. +	ESPAÑA		DINAMARCA		**I.A.E.D. -**	ESPAÑA		DINAMARCA	
	VA	VR	VA	VR		VA	VR	VA	VR
Zona 1	0.33	33.33 %	0.29	28.57 %	Zona 1	0.29	28.57 %	0.33	33.33 %
Zona 2	0.64	63.64 %	0.30	30 %	Zona 2	0.30	30 %	0.64	63.64 %
Zona 3	0.71	71.43 %	0.43	42.86 %	Zona 3	0.43	42.86 %	0.71	71.43 %
Zona 4	0	0 %	0.33	33.33 %	Zona 4	0.33	33.33 %	0	0 %
Zona 5	0.60	60 %	0.75	75 %	Zona 5	0.75	75 %	0.60	60 %
Zona 6	0.71	71.43 %	0.67	66.67 %	Zona 6	0.67	66.67 %	0.71	71.43 %
Zona 7	1	100 %	0.33	33.33 %	Zona 7	0.33	33.33 %	1	100 %
Zona 8	0.57	57.14 %	0.25	25 %	Zona 8	0.25	25 %	0.57	57.14 %
I.F.E.O.	ESPAÑA		DINAMARCA		**I.F.E.D.**	ESPAÑA		DINAMARCA	
	VA	VR	VA	VR		VA	VR	VA	VR
Zona 1	0.06	5.66 %	0.16	15.91 %	Zona 1	0.16	15.91 %	0.06	5.66 %
Zona 2	0.21	20.75 %	0.23	22.73 %	Zona 2	0.23	22.73 %	0.21	20.75 %
Zona 3	0.13	13.21 %	0.16	15.91 %	Zona 3	0.16	15.91 %	0.13	13.21 %
Zona 4	0.04	3.77 %	0.07	6.82 %	Zona 4	0.07	6.82 %	0.04	3.77 %
Zona 5	0.19	18.87 %	0.09	9.09 %	Zona 5	0.09	9.09 %	0.19	18.87 %
Zona 6	0.13	13.21 %	0.07	6.82 %	Zona 6	0.07	6.82 %	0.13	13.21 %
Zona 7	0.11	11.32 %	0.14	13.64 %	Zona 7	0.14	13.64 %	0.11	11.32 %
Zona 8	0.13	13.21 %	0.09	9.09 %	Zona 8	0.09	9.09 %	0.13	13.21 %

Figura 2.11. *Índices de rendimiento a nivel espacial (I).*

El Índice de Lateralidad Ofensivo (I.L.O.) y el Índice de Profundidad Ofensivo (I.P.O.) agrupan a diferentes zonas de finalización para mostrar un valor que define el grado de lateralidad y profundidad de los equipos (Figura 6.13). En el I.L.O. España muestra una importante asimetría, ya que tiene una tendencia central y lateral derecho a la hora de finalizar el ataque con un 33% y un 32% respectivamente. Sin embargo, Dinamarca es más simétrica con una finalización más equilibrada entre sus tres zonas (29% lateral izquierdo y central, y 25% para lateral derecho). En el I.P.O. 2, España realiza un juego más profundo con un 60% de finalizaciones en 2º línea, y un 39% en 1ª línea (I.P.O. 1). Por otro lado, el juego de Dinamarca es menos profundo y más equilibrado, con un porcentaje de finalización del 45% en 2ª línea, y un 54% en 1ª línea.

Los índices de rendimiento defensivos se corresponden con los índices de rendimiento ofensivos del rival. En el Índice de Lateralidad Defensivo (I.L.D.) España soporta un número de finalizaciones equilibrado entre sus zonas. Sin embargo, Dinamarca sufre un mayor número de finalizaciones por zona central y zona lateral derecho. En el Índice de Profundidad Defensivo (I.P.D.) España tiene un mayor equilibrio entre su zona profunda y no profunda en cuanto al número de finalizaciones por zonas, y por el contrario, Dinamarca padece un I.P.D. mayor en la zona profunda, más cercana a la portería (Figura 3.11).

Índices de Rendimiento a nivel espacial (II)				
	ESPAÑA		DINAMARCA	
ÍNDICES OFENSIVOS	VA	VR	VA	VR
Índice de Lateralidad Izquierdo Ofensivo (I.L.I.O.) +	0.17	16.98 %	0.30	29.55 %
Índice de Lateralidad Central Ofensivo (I.L.C.O.) +	0.34	33.96 %	0.30	29.55 %
Índice de Lateralidad Derecho Ofensivo (I.L.D.O.) +	0.32	32.08 %	0.25	25 %
Índice de Profundidad Ofensivo en 1ª línea (I.P.O. 1)	0.40	39.62 %	0.55	54.55 %
Índice de Profundidad Ofensivo en 2ª línea (I.P.O. 2)	0.60	60.38 %	0.45	45.45 %
	ESPAÑA		DINAMARCA	
ÍNDICES DEFENSIVOS	VA	VR	VA	VR
Índice de Lateralidad Izquierdo Defensivo (I.L.I.D.) +	0.30	29.55 %	0.17	16.98 %
Índice de Lateralidad Central Defensivo (I.L.C.D.) +	0.30	29.55 %	0.34	33.96 %
Índice de Lateralidad Derecho Defensivo (I.L.D.D.) +	0.25	25 %	0.32	32.08 %
Índice de Profundidad Defensivo en 1ª línea (I.P.D. 1)	0.55	54.55 %	0.40	39.62 %
Índice de Profundidad Defensivo en 2ª línea (I.P.D. 2)	0.45	45.45 %	0.60	60.38 %

Figura 3.11. *Índices de rendimiento a nivel espacial (II)*.

También se presentan gráficamente los índices de rendimiento a nivel espacial (Figura 4.11). Se comparan los Índices de Anotación Espacial Ofensivo (I.A.E.O.), los Índices de Finalización Espacial Ofensivo (I.F.E.O.), los Índices de Lateralidad Ofensivo (I.L.O.) y los Índices de Profundidad Ofensivos (I.P.O.).

El I.A.E.O. es dependiente de la distancia y ambas selecciones obtienen sus mejores resultados cerca del área de portería. Comparativamente España obtiene mejores índices de anotación que Dinamarca en todas las zonas excepto en la zona de lateral derecho cerca de portería y la zona de extremo derecho. En cuanto a los I.F.E.O.

repartidos por zonas, en ambas selecciones el mayor índice se da en la zona central más alejada de la portería. Para el I.L.O. España tiene una tendencia en finalizar sus ataques por zona central y lateral derecho, sin embargo, la tendencia de finalización de Dinamarca es por zona central y lateral izquierdo. Finalmente, analizando el I.P.O., España obtiene un juego más profundo, finalizando un mayor número de ataques en 2ª línea, mientras que Dinamarca obtiene un índice de finalización mayor en 1ª línea.

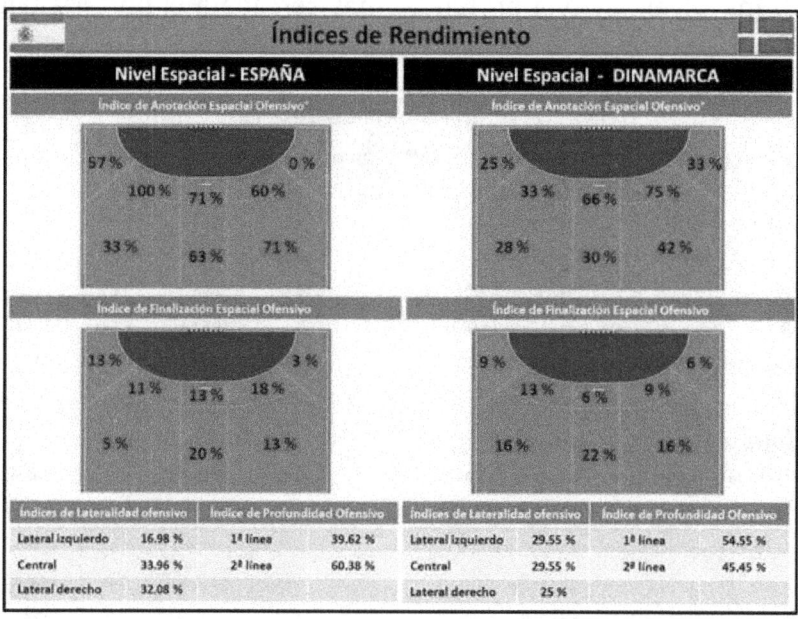

Figura 4.11. *Índices de rendimiento según zonas del campo.*

3. ÍNDICES DE RENDIMIENTO A NIVEL SITUACIONAL.

En los Índices de Eficacia Ofensivos (I.E.O.) en función del marco situacional, España obtiene también mejores resultados que Dinamarca. La selección española muestra un mejor manejo de los marcos situaciones ya que obtiene mayores valores en inferioridad con un 62%, en igualdad de 5 jugadores con un 100%, y en situación de aviso de juego pasivo con un 60%, frente al marco situacional de referencia, igualdad, con un 25%. Ambas selecciones presentan su peor I.E.O. en situación de superioridad: España con un 50%, y Dinamarca con un 14%. Las diferencias de porcentaje entre ambas selecciones son en igualdad un 25.15% mejor para España, en superioridad un 35.71%, en inferioridad un 50%, en igualdad de 5 jugadores un 50%, y en aviso de juego pasivo un 26.67%.

Los Índices de Posesión de Balón (I.P.B.) en función del marco situacional son índices de tiempo efectivo en los que cada equipo está en una determinada situación. Ambas selecciones obtienen su mayor I.P.B. en situación de igualdad con valores similares. El I.P.B. en superioridad es también muy similar en ambos equipos, sin embargo, el I.P.B. en inferioridad de España es mayor que el de Dinamarca, es decir, España está atacando en esta situación un 8.36% más que Dinamarca. El Índice de Posesión del Balón en Aviso de Juego Pasivo (I.P.B.A.J.P.) es de casi un 2% para España y un 7% para Dinamarca.

Los Índices de Eficacia Defensivos (I.E.D.) se corresponden con los I.E.O. del equipo rival, de forma que ahora los mejores valores son los que más se acercan a 0. España tiene mejores resultados de eficacia defensiva en todos los marcos situacionales. En superioridad el I.E.D. es el mejor índice para ambas selecciones con un 14% para España, y un 50% para Dinamarca. En los dos equipos, los peores I.E.D. son en situación de inferioridad y en situación de igualdad de 5 jugadores. En esta última situación Dinamarca obtiene el peor resultado, es decir, encajó siempre gol en todas las defensas con igualdad de 5 jugadores.

Para los Índices de Desposesión de Balón (I.D.B.) los valores son los mismos que para los I.P.B. pero para el equipo contrario. El I.D.B. en igualdad es el mayor índice para ambas selecciones. España está defendiendo en superioridad 2.47% más que Dinamarca, en inferioridad Dinamarca está un 8.36% más que España, en igualdad de 5 jugadores el índice es muy similar, alrededor de un 2%, y en situación de aviso de juego pasivo España está defendiendo casi un 5% más que Dinamarca (Figura 5.11).

Índices de Rendimiento a nivel situacional

I.E.O. +	ESPAÑA		DINAMARCA		I.E.D. -	ESPAÑA		DINAMARCA	
	VA	VR	VA	VR		VA	VR	VA	VR
Igualdad	0.54	54 %	0.29	28.85 %	Igualdad	0.29	28.85 %	0.54	54 %
Superioridad	0.50	50 %	0.14	14.29 %	Superioridad	0.14	14.29 %	0.50	50 %
Inferioridad	0.63	62.50 %	0.50	50 %	Inferioridad	0.50	50 %	0.63	62.50 %
Igualdad 5x5	1	100 %	0.50	50 %	Igualdad 5x5	0.50	50 %	1	100 %
Aviso de Juego Pasivo	0.60	60 %	0.33	33.33 %	Aviso de Juego Pasivo	0.33	33.33 %	0.60	60 %

I.P.B.	ESPAÑA		DINAMARCA		I.D.B.	ESPAÑA		DINAMARCA	
	VA	VR	VA	VR		VA	VR	VA	VR
Igualdad	0.85	84.92 %	0.88	88.01 %	Igualdad	0.88	88.01 %	0.85	84.92 %
Superioridad	0.03	2.86 %	0.05	5.33 %	Superioridad	0.05	5.33 %	0.03	2.86 %
Inferioridad	0.12	12.22 %	0.04	3.86 %	Inferioridad	0.04	3.86 %	0.12	12.22 %
Igualdad 5x5	0.02	1.98 %	0.03	2.80 %	Igualdad 5x5	0.03	2.80 %	0.02	1.98 %
Aviso de Juego Pasivo	0.02	1.98 %	0.07	6.80 %	Aviso de Juego Pasivo	0.07	6.80 %	0.02	1.98 %

Figura 5.11. *Índices de rendimiento de equipo a nivel situacional.*

4. ÍNDICES DE RENDIMIENTO A NIVEL TEMPORAL.

El Índice de Posesión de Balón (I.P.B.) da una referencia del tiempo efectivo que el equipo está atacando. España posee un I.P.B 9.52% mayor que el de Dinamarca. En función de la duración de los ataques, el Índice de Eficacia en Ataques Largos (I.E.A.L.) con duración mayor a 50 segundos, es el mayor para ambas selecciones, 85% para España y 75% para Dinamarca. El resto de índices de eficacia también son mayores para la selección española con una diferencia de 30.84% en el Índice de Eficacia en Ataques Medios (I.E.A.M.), con duración mayor a 25 segundos y menor o igual a 50 segundos; de 10.77% en el Índice de Eficacia en Ataques Cortos (I.E.A.C.), con duración mayor a 10 segundos y menor o igual a 25 segundos; y de 29.17% en el Índice de Eficacia en Ataques Rápidos (I.E.A.R.), con duración menor o igual a 10 segundos (Figura 6.11).

Índices de Rendimiento a nivel temporal				
ÍNDICES OFENSIVOS	ESPAÑA		DINAMARCA	
	VA	VR	VA	VR
Índice de Posesión del Balón (I.P.B.)	0.55	54.76 %	0.45	45.24 %
Índice de Eficacia en Ataques Rápidos (I.E.A.R.) +	0.67	66.67 %	0.38	37.50 %
Índice de Eficacia en Ataques Cortos (I.E.A.C.) +	0.31	30.77 %	0.20	20 %
Índice de Eficacia en Ataques Medios (I.E.A.M.) +	0.55	54.84 %	0.24	24 %
Índice de Eficacia en Ataques Largos (I.E.A.L.) +	0.86	85.71 %	0.75	75 %
ÍNDICES DEFENSIVOS	ESPAÑA		DINAMARCA	
	VA	VR	VA	VR
Índice de Desposesión del Balón (I.D.B.)	0.45	45.24	0.55	54.76
Índice de Eficacia en Defensas Rápidas (I.E.D.R.) -	0.38	37.50 %	0.67	66.67 %
Índice de Eficacia en Defensas Cortas (I.E.D.C.) -	0.20	20 %	0.31	30.77 %
Índice de Eficacia en Defensas Medias (I.E.D.M.) -	0.24	24 %	0.55	54.84 %
Índice de Eficacia en Defensas Largas (I.E.D.L.) -	0.75	75 %	0.86	85.71 %

Figura 6.11. *Índices de rendimiento a nivel temporal.*

Los índices de rendimiento defensivos a nivel temporal tienen su correspondencia con los índices de rendimiento ofensivos del equipo contrario. El Índice de Desposesión del Balón (I.D.B.) de Dinamarca es un 54%, y el I.D.B. de España es un 45%. Por tanto Dinamarca está defendiendo durante más tiempo que España. En función de la duración de las defensas, el Índice de Eficacia en Defensas Cortas (I.E.D.C.), con una duración mayor a 10 y menor o igual a 25 segundos, es el menor valor en ambas selecciones y por tanto el mejor índice con un 20% para España, y un 30% para Dinamarca. El Índice de Eficacia en Defensas Largas (I.E.D.L.) con una duración mayor a 50 segundos es el peor índice de eficacia en ambas selecciones con un 75% para España y un 85% para Dinamarca. A luz de los resultados, son menos eficaces las defensas largas que las defensas rápidas, que son aquellas con una duración menor o igual a 10 segundos. Para los dos equipos el I.E.D.C. y el I.E.D.M. (con una duración mayor a 25 y menor o igual a 50 segundos) son los índices más efectivos en función de la duración de las defensas.

5. ÍNDICES DE RENDIMIENTO INDIVIDUAL.

El Índice de Finalización Espacial Ofensivo Individual (I.F.E.O.I.) es un indicador de las finalizaciones de un jugador en cada una de las zonas del campo, obteniendo una distribución espacial de las diferentes posiciones. Se realiza una comparativa de jugadores de las dos selecciones. Ambos jugadores juegan en la posición de lateral derecho y coinciden en sus zonas de finalización. El jugador español obtiene mayor número de finalizaciones que el jugador danés tanto en la zona no profunda como en la zona profunda del lateral derecho.

El Índice de Participación Ofensivo Individual (I.P.O.I.) indica la cantidad de acciones en ataque en las que ha participado el jugador del total de acciones ofensivas del equipo. El jugador español posee un I.P.O.I. casi un 6% más que el jugador danés. El Índice de Participación Defensivo Individual (I.P.D.I.) indica exactamente lo mismo pero en defensa. El jugador español supera nuevamente a su rival en casi 20% más de participación defensiva. El Índice de Participación Total Individual (I.P.T.I.) se obtiene sumando las acciones que cada jugador realiza en ataque y en defensa, y dividiéndolas por las acciones totales de equipo. En este caso *Maqueda* supera en un 9.6% más de participación que su rival *Søndergaard*.

El Índice de Valoración Ofensivo Individual (I.V.O.I.) establece una relación entre los aciertos ofensivos (número de goles, asistencias, golpes franco recibidos, 7 metros recibidos y sanciones disciplinarias recibidas) y los errores ofensivos (lanzamientos bloqueados, parados, fuera o al poste y pérdidas). Los errores ofensivos se restan a los aciertos ofensivos se dividen por el número de acciones totales que realiza el jugador en ataque. El jugador español presenta un I.V.O.I. de un 52% y el jugador danés de un 38%. Sus valores son mejores cuanto más se acercan a 1 en valor absoluto.

El Índice de Valoración Defensivo Individual (I.V.D.I.) establece una relación entre los aciertos defensivos (recuperaciones y lanzamientos bloqueados) y los errores defensivos (superado por oponente directo, golpes franco cometidos, 7 metros cometidos y sanciones disciplinarias cometidas). El I.V.D.I. para el jugador español es -44.66%, y para el jugador danés de -100%. Por tanto ambos jugadores cometieron más errores en defensa que aciertos.

El Índice de Valoración Total Individual (I.V.T.I.) es el resultado de todas las acciones positivas ofensivas y defensivas menos todas las acciones negativas ofensivas y defensivas divididas por la totalidad de las acciones del jugador. El resultado final del índice puede tomar los valores comprendidos entre -1 y 1 en valor absoluto. Si el resultado es positivo, el jugador realiza un mayor número de acciones positivas que negativas, y viceversa, si el resultado es negativo. Finalmente el jugador español obtiene un 15.15% en el I.V.T.I. y el jugador danés un 20% (Figura 7.11).

Índices de Rendimiento individual				
ÍNDICES OFENSIVOS	MAQUEDA Jorge		SØNDERGAARD Kasper	
	VA	VR	VA	VR
Índice de Finalización Espacial Ofensivo Individual en Zona 3 (I.F.E.O.I. Z3)	0.71	71.43 %	0.67	66.67 %
Índice de Finalización Espacial Ofensivo Individual en Zona 5 (I.F.E.O.I. Z5)	0.29	28.57 %	0.22	22.22 %
Índice de Participación Ofensivo Individual (I.P.O.I.)	0.20	20.39 %	0.14	14.43 %
Índice de Participación Total Individual (I.P.T.I.)	0.22	22.30 %	0.13	12.70 %
Índice de Valoración Ofensivo Individual (I.V.O.I.) +	0.52	52.38 %	0.28	38.46 %
Índice de Valoración Total Individual (I.V.T.I.) +	0.15	15.15 %	0.12	20 %
ÍNDICES DEFENSIVOS	MAQUEDA Jorge		SØNDERGAARD Kasper	
	VA	VR	VA	VR
Índice de Participación Defensivo Individual (I.P.D.I.)	0.27	26.67 %	0.07	6.90 %
Índice de Valoración Defensivo Individual (I.V.D.I.) +	-0.5	-44.66 %	-1	-100 %

Figura 7.11. *Índices de rendimiento individual.*

REFERENCIAS

González-García, I.; Casáis, L.; Viaño, J., & Gómez, M.A. (2016). Inter-observer reliability of a real-time observation tool in handball. *International Journal of Kinesiology and Sports Science, 4(4)*, 1-9.

CAPÍTULO 12.
Aplicación de las variables de rendimiento individuales

En primer lugar, antes de realizar el análisis de las variables de rendimiento individuales de forma exhaustiva, se presenta una ficha de cada equipo a modo de acta del partido.

ACTA DEL PARTIDO - ESPAÑA

ESP – España				DEN – Dinamarca							Resultado FINAL 35 - 19		
Resultados cada 5'											ACTA		
Períodos	5'	10'	15'	20'	25'	30'	35'	40'	45'	50'	55'	60'	23 Campeonato del Mundo 2013
España	3	6	8	9	14	18	22	26	29	30	34	35	PARTIDO MEDALLA DE ORO
Dinamarca	1	4	6	8	9	10	11	12	12	15	16	19	Celebrado en Barcelona

7 in	Nº	Jugador	Goles		2'	2'	TJ	Domingo 27 Enero de 2013, 17:15 h. Palacio de Sant Jordi
	2	ENTRERRIOS Alberto	3				27:25	Nº de espectadores: -
*	4	ROCAS Albert					26:04	Árbitros:
*	5	MAQUEDA Jorge	5	10'	45'		47:43	KRSTIC Nenad LJUBIC Peter
	8	TOMAS Víctor	1				33:56	OIE Sven Olav ELSAYED Alaa
	11	SARMIENTO Daniel	1				07:13	DATOS GENERALES
	12	SIERRA Jose Manuel					06:20	TM España Dinamarca
*	13	AGUINAGALDE Julen	5				26:57	1º Período 29:27 04:16 22:56
*	16	STERBIK Arpad					53:40	2º Período 37:41
*	21	CAÑELLAS Joan	7	24'			30:52	7 metros 1/1 2/2
	22	MONTORO Ángel	2				13:42	Ataques 63 65
	24	MORROS Viran	1				25:23	Defensas 65 63
	25	RUESGA Carlos					07:02	
*	26	GARCIA Antonio Jesús	2		12'		26:16	INDICES DE RENDIMIENTO
*	28	RIVERA Valero	6				52:55	Ofensivos Defensivos
	29	ARIÑO Aitor	2		57'		08:11	Eficacia⁺ 55 % Eficacia⁻ 29 %
	30	GUARDIOLA Gedeon		39'			24:09	Anotación⁺ 64 % Anotación⁻ 41 %
		TOTAL	35	3	3			Producción⁻ 30 % Producción⁺ 41 %

Figura 1.12. *Acta de la Final del Campeonato del Mundo 2013 de España.*

En la parte central de la Figura 1.12 aparece el equipo que actúa como local y el equipo que actúa como visitante, y el resultado dividido por períodos de 5 minutos. A continuación, el listado de jugadores, número de goles, sanciones disciplinarias y tiempo de participación de cada jugador en el partido. A la derecha de la pantalla aparecen el resultado final, el tipo de campeonato, la fase del campeonato, el lugar de celebración, la fecha, el pabellón y los colegiados.

Así mismo, se dan algunos datos generales como los tiempos muertos de los equipos, los siete metros y el número de ataques y defensas de ambos. En la parte inferior se muestran tres índices de rendimiento generales en fase ofensiva y defensiva: Índice de Eficacia (I.E.), Índice de Anotación (I.A.) e Índice de Producción (I.P.).

Exactamente igual se realiza la misma presentación a modo de acta de partido, pero para la selección de Dinamarca (Figura 2.12).

ACTA DEL PARTIDO - DINAMARCA

ESP – España					DEN – *Dinamarca*						Resultado FINAL 35 - 19

Resultados cada 5'

Períodos	5'	10'	15'	20'	25'	30'	35'	40'	45'	50'	55'	60'
España	3	6	8	9	14	18	22	26	29	30	34	35
Dinamarca	1	4	6	8	9	10	11	12	12	15	16	19

7 in	Nº	Jugador	Goles	2'	2'	TJ
*	1	LANDIN Niklas				24:32
	6	MORTENSEN Casper U.				16:20
*	7	EGGERT Anders	3			31:34
	10	MARKUSSEN Nikolaj	2	37'		11:03
	11	LAUGE Rasmus	1			30:59
	13	SPELLERBERG Bo				08:03
	15	NØDDESBO Jesper	1			21:25
	16	GREEN Janninck				35:28
	17	SVAN Lasse				30:00
*	18	LINDBERG Hans	1	8'		30:00
*	19	TOFT René				23:50
*	21	MØLLGAARD Henrik	4	6'	58'	43:24
	22	SØNDERGAARD Kasper	4	40'		24:15
	23	TOFT Henrik	1			14:45
*	24	HANSEN Mikkel	2			42:59
*	26	NIELSEN Kasper				31:24
		TOTAL	19	3	2	

ACTA
23 Campeonato del Mundo 2013
PARTIDO MEDALLA DE ORO
Celebrado en Barcelona
Domingo 27 Enero de 2013, 17:15 h.
Palacio de Sant Jordi
Nº de espectadores: -
Árbitros:
KRSTIC Nenad   LJUBIC Peter
OIE Sven Olav   ELSAYED Alaa

DATOS GENERALES

TM	España	Dinamarca
1º Período	29:27	04:16 22:56
2º Período		37:41
7 metros	1/1	2/2
Ataques	63	65
Defensas	65	63

INDICES DE RENDIMIENTO

Ofensivos		Defensivos	
Eficacia⁺	29 %	Eficacia⁻	55 %
Anotación⁺	41 %	Anotación⁻	64 %
Producción⁻	42 %	Producción⁺	30 %

Figura 2.12. *Acta de la Final del Campeonato del Mundo 2013 de Dinamarca.*

1. ANÁLISIS DEL COMPORTAMIENTO COLECTIVO EN FASE OFENSIVA Y DEFENSIVA EN FUNCIÓN DE LAS VARIABLES DE ACCIÓN.

Se realiza un recuento total de variables de acción de equipo en la fase ofensiva. Se ofrece una comparativa de las acciones individuales acumuladas a lo largo del partido de ambas selecciones. En total presenta el número de asistencias (tanto finalizadas en gol como no finalizadas en gol), los golpes francos recibidos, los 7 metros recibidos, las sanciones recibidas (amonestaciones, exclusiones y descalificaciones) y las pérdidas. Se registran todas las pérdidas realizadas por ambos equipos y se clasifican en pérdidas no forzadas, si es como consecuencia de errores técnicos; y pérdidas forzadas, si es como consecuencia de interceptaciones o robos de balón del equipo contrario. De la misma forma se registra si la pérdida es por una falta en ataque, por pasos, dobles, invasión de área, pie, juego pasivo o por un lanzamiento bloqueado. En el total de pérdidas Dinamarca obtiene nueve más que España (Figura 3.12).

Nota: IG = Igualdad; IG 5x5 = Igualdad de 5 jugadores; INF = Inferioridad; SUP = Superioridad; AJP = Aviso de Juego Pasivo.

Figura 3.12. *Aplicación de las variables de acción ofensivas.*

Todas las acciones obtenidas en el partido quedan registradas a su vez en un marco situacional determinado. En este caso las acciones se registraron en igualdad numérica, en igualdad de 5 jugadores por equipo, en inferioridad, superioridad y en aviso de juego pasivo.

Se ofrece también la comparativa de las variables de acción de equipo en la fase defensiva (Figura 4.12). Contabiliza el número de acciones superado por oponente directo, los goles francos cometidos, los 7 metros cometidos, las sanciones cometidas (amonestaciones, exclusiones y descalificaciones) y las recuperaciones de ambas selecciones. Al igual que las pérdidas, las recuperaciones también son clasificadas en no forzadas, si la recuperación es por un error del rival; y forzadas si la recuperación es por una interceptación o robo de balón. Se registra también si la recuperación es por falta en ataque recibida, por invasión de área del rival, por pie, juego pasivo o por un blocaje realizado. En el total de recuperaciones España logra el doble que Dinamarca.

Acciones de equipo

DATOS DEFENSIVOS - ESPAÑA

ACCIONES DE EQUIPO		TOTAL	IG	IG 5x5	INF	SUP	AJP
SUPERADO POR OPONENTE DIRECTO		7	6	1			
GOLPES FRANCOS COMETIDOS		15	13			1	1
7 METROS COMETIDOS		2	2				
SANCIONES COMETIDAS	AMONESTACIÓN	3	3				
	EXCLUSIÓN	3	3				
	DESCALIFICACIÓN						
	TOTAL	6					
RECUPERACIONES	NO FORZADAS (error rival)	5	5				
	FORZADAS (interceptación)	7	5		2		
	FALTA EN ATAQUE RECIBIDA	4	3				1
	INVASIÓN	1	1				
	PIE						
	JUEGO PASIVO						
	POR BLOCAJE	1	1				
	TOTAL	18					

DATOS DEFENSIVOS - DINAMARCA

ACCIONES DE EQUIPO		TOTAL	IG	IG 5x5	INF	SUP	AJP
SUPERADO POR OPONENTE DIRECTO		4	4				
GOLPES FRANCOS COMETIDOS		16	13		1	2	
7 METROS COMETIDOS		1	1				
SANCIONES COMETIDAS	AMONESTACIÓN	3	3				
	EXCLUSIÓN	2	1	1			
	DESCALIFICACIÓN						
	TOTAL	5					
RECUPERACIONES	NO FORZADAS (error rival)	2	1			1	
	FORZADAS (interceptación)	3					
	FALTA EN ATAQUE RECIBIDA	2	2				
	INVASIÓN	2	2				
	PIE						
	JUEGO PASIVO						
	POR BLOCAJE						
	TOTAL	9					

Nota: IG = Igualdad; IG 5x5 = Igualdad de 5 jugadores; INF = Inferioridad; SUP = Superioridad; AJP = Aviso de Juego Pasivo.

Figura 4.12. *Aplicación de las variables de acción defensivas.*

Se ofrece también un análisis pormenorizado de lanzamientos por equipos (Figura 5.12). Se registran el número de goles, el número de lanzamientos con oposición y sin oposición, y los porcentajes de efectividad en cada uno de los marcos situacionales. Aparece la relación de goles y lanzamientos en las diferentes zonas del campo y la efectividad de lanzamientos en la zona de 6 metros, zona de extremos, zona de 9 metros y desde los 7 metros. También se presenta la localización del lanzamiento en la portería y su relación de goles/lanzamientos para cada zona. España supera ampliamente a Dinamarca en los porcentajes totales de efectividad tanto sin oposición como con oposición.

Figura 5.12. *Análisis de los lanzamientos de ambas selecciones.*

2. ANÁLISIS DEL COMPORTAMIENTO INDIVIDUAL EN FASE OFENSIVA Y DEFENSIVA EN FUNCIÓN DE LAS VARIABLES DE ACCIÓN.

Se ofrece el análisis de las acciones individuales ofensivas jugador por jugador (Figura 6.12). Del mismo modo, se contabiliza las asistencias finalizadas en gol y no finalizadas en gol, los golpes francos recibidos, los 7 metros recibidos, los lanzamientos bloqueados, las sanciones recibidas (amonestaciones, exclusiones y descalificaciones) y las pérdidas realizadas por cada jugador. Las pérdidas se clasifican en no forzadas, si es como consecuencia de errores técnicos; y pérdidas forzadas, si es como consecuencia de interceptaciones o robos de balón del equipo contrario. De la misma forma se registra si la pérdida es por una falta en ataque, por pasos, dobles, invasión de área, pie, o por un lanzamiento blocado.

ESPAÑA - Acciones individuales ofensivas																	
		JUGADORES	ASISTENCIAS		GFR	7 MR	LB	SANCIONES RECIBIDAS			PÉRDIDAS						
7	Nº	Nombre	SIN GOL	CON GOL				AM	EXC	DES	NO FOR	FOR	FA	PA	DO	IN	PIE	BLOC
	2	ENTRERRIOS Alberto	1	2	2							1						
*	4	ROCAS Albert	2													1		
*	5	MAQUEDA Jorge	3	2	5			1			1	1	1					
	8	TOMAS Víctor																
	11	SARMIENTO Daniel																
	12	SIERRA Jose Manuel																
*	13	AGUINAGALDE Julen			6	1		1	2			1						
*	16	STERBIK Arpad		1														
*	21	CAÑELLAS Joan	2	1	2													
	22	MONTORO Ángel									1	1						
	24	MORROS Viran																
	25	RUESGA Carlos		1				1										
*	26	GARCIA Antonio Jesús	1									1						
*	28	RIVERA Valero														1		
	29	ARIÑO Aitor																
	30	GUARDIOLA Gedeon	2															
		TOTAL	8	9	16	1		2	3		2	3	2	1		2		

Nota: GFR = Golpe Franco Recibido; 7 MR = 7 Metros Recibido; LB = Lanzamiento Blocado; AM = Amarilla; EXC = Exclusión; DES = Descalificación; NO FOR = No Forzada; FOR = Forzada; FA = Falta en Ataque; PA = Pasos; DO = Dobles; IN = Invasión; BLOC = Blocado

Figura 6.12. *Análisis de las acciones individuales ofensivas.*

Se presenta con el mismo formato las diferentes acciones individuales defensivas por jugador, es decir, número de veces que es superado por oponente directo, golpes francos cometidos, 7 metros cometidos, blocajes, sanciones cometidas (amarillas, exclusiones y descalificaciones), y recuperaciones (no forzada, forzada, falta en ataque, blocaje e invasión de área) (Figura 7.12).

DINAMARCA - Acciones individuales ofensivas																	
JUGADORES		ASISTENCIAS		GF REC	7 M REC	LANZ BLOC	SANCIONES RECIBIDAS			PÉRDIDAS							
Nº	Nombre	SIN GOL	CON GOL				AM	EXC	DES	NO FOR	FOR	FA	PASOS	DOBLES	INVASIÓN	PIE	BLOC
1	LANDIN Niklas									1							
6	MORTENSEN Casper U.			1	1		1										
7	EGGERT Anders																
10	MARKUSSEN Nikolaj	2	1	2		2		1		2							1
11	LAUGE Rasmus			2			1			1	2	1					
13	SPELLERBERG Bo	1								1	2	1					
15	NØDDESBO Jesper	1		1			1							2			
16	GREEN Janninck																
17	SVAN Lasse																
18	LINDBERG Hans																
19	TOFT René			2			1								1		
21	MØLLGAARD Henrik	3		1							1						
22	SØNDERGAARD Kasper	1	2	1		1		1									
23	TOFT Henrik																
24	HANSEN Mikkel			5	1	1				1	1	1					
26	NIELSEN Kasper																
	TOTAL	8	3	15	2	4	3	3		6	6	4	1		1		1

Nota: GFR = Golpe Franco Recibido; 7 MR = 7 Metros Recibido; LB = Lanzamiento Blocado; AM = Amarilla; EXC = Exclusión; DES = Descalificación; NO FOR = No Forzada; FOR = Forzada; FA = Falta en Ataque; PA = Pasos; DO = Dobles; IN = Invasión; BLOC = Blocado.

Figura 7.12. *Análisis de las acciones individuales defensivas.*

Se puede elaborar también un análisis por jugador de los lanzamientos (Figura 8.12). Muestra el resultado, las zonas del campo donde se produce cada uno, el grado de oposición y la efectividad del lanzamiento. En la columna de resultado aparece el número de goles, lanzamientos parados, lanzamientos fuera, lanzamientos al poste y lanzamientos blocados de cada jugador. A continuación, la relación de goles y lanzamientos en cada una de las zonas del campo. Finalmente se clasifican los lanzamientos según su grado de oposición y se muestra la eficacia total de lanzamiento, lo que permite establecer una comparativa entre jugadores. En la última fila aparece el recuento de la actividad total del equipo en cuanto a los lanzamientos realizados.

ESPAÑA - Lanzamientos individuales																		
JUGADORES			RESULTADO					ZONAS DEL CAMPO								TOTALES		
	Nº	Nombre	LG	LP	LF	LPO	LB	1	2	3	4	5	6	7	8	7M	LCO	LSO	TOTAL	%
	2	ENTRERRIOS Alberto	3	2					0/1	1/2				1/1	1/1		2/2	1/3	3/5	60
*	4	ROCAS Albert		1							0/1						0/1		0/1	0
*	5	MAQUEDA Jorge	5	1	1						4/5		1/2				1/2	4/5	5/7	71
	8	TOMAS Víctor	1			1							1/2				1/2		1/2	50
	11	SARMIENTO Daniel	1							1/1								1/1	1/1	100
	12	SIERRA José Manuel																		
*	13	AGUINAGALDE Julen	5	2								2/3	0/1	3/3				5/6	0/1	5/7	71
*	16	STERBIK Arpad																		
*	21	CAÑELLAS Joan	7	1				1/1	1/1	1/1		1/1	2/3			1/1	2/3	5/5	7/8	87
	22	MONTORO Ángel	2	1						2/2	0/1							2/3	2/3	66
	24	MORROS Viran	1										1/1				1/1		1/1	100
	25	RUESGA Carlos		2		1		0/1	0/2									0/3	0/3	0
*	26	GARCIA Antonio Jesús	2	2						2/3					0/1		0/1	2/3	2/4	50
*	28	RIVERA Valero	6	3							0/1			2/2	4/6		6/9		6/9	66
	29	ARIÑO Aitor																		
	30	GUARDIOLA Gedeón	2	1								1/2	1/1				2/3		2/3	66
		TOTAL	35	16	1	2		1/3	7/11	5/7	0/2	6/10	5/7	6/6	4/7	1/1	20/28	15/26	35/54	64

Nota: LG = Lanzamiento Gol; LP = Lanzamiento Parado; LF = Lanzamiento Fuera; LPO = Lanzamiento Poste; LB = Lanzamiento Blocado; LCO = Lanzamiento Con Oposición; LSO = Lanzamiento Sin Oposición.

Figura 8.12. *Análisis de los lanzamientos por jugador de la selección española.*

Se realiza de la misma forma un análisis de los lanzamientos de los jugadores de Dinamarca. Se muestra también el resultado, las zonas del campo donde se produce cada uno, el grado de oposición y la efectividad del lanzamiento (Figura 9.12).

			DINAMARCA - Lanzamientos individuales																
		JUGADORES		RESULTADO						ZONAS DEL CAMPO							TOTALES			
?	Nº	Nombre	GOLES	PAR	FU	POS	BLOC	1	2	3	4	5	6	7	8	7M	LCO	LSO	TOTAL	%
*	1	LANDIN Niklas																		
	6	MORTENSEN Casper U.	2											0/2			0/2		0/2	0
*	7	EGGERT Anders	3		1										1/2	2/2	1/1	2/3	3/4	75
	10	MARKUSSEN Nikolaj	2	1	2		2	1/3	0/2			0/1	1/1				0/1	2/6	2/7	28
	11	LAUGE Rasmus	1	3				0/1	0/1				1/2				1/2	0/2	1/4	25
	13	SPELLERBERG Bo																		
	15	NØDDESBO Jesper	1	2	1			0/1			1/1		0/2				1/3	0/1	1/4	25
	16	GREEN Janninck																		
	17	SVAN Lasse		1							0/1						0/1		0/1	0
*	18	LINDBERG Hans	1		1					1/2							1/2		1/2	50
*	19	TOFT René		1									0/1				0/1		0/1	0
*	21	MØLLGAARD Henrik	4	1		1		1/1	3/5									4/6	4/6	66
	22	SØNDERGAARD Kasper	4	4			1	0/1		3/6		1/2					1/2	3/7	4/9	44
	23	TOFT Henrik	1									1/1					1/1		1/1	100
*	24	HANSEN Mikkel	2	1	1		1	0/1	0/1	0/1			2/2				2/2	0/3	2/5	40
*	26	NIELSEN Kasper																		
		TOTAL	19	16	6	1	4	2/7	3/10	3/7	1/3	3/4	2/3	2/6	1/4	2/2	10/21	9/25	19/46	37

Nota: LG = Lanzamiento Gol; LP = Lanzamiento Parado; LF = Lanzamiento Fuera; LPO = Lanzamiento Poste; LB = Lanzamiento Blocado; LCO = Lanzamiento Con Oposición; LSO = Lanzamiento Sin Oposición.

Figura 9.12. *Análisis de los lanzamientos por jugador de la selección danesa.*

Se presenta el análisis de la localización de los lanzamientos por jugador de ambas selecciones teniendo en cuenta las diferentes zonas de lanzamiento establecidas previamente (Figura 10.12 y Figura 11.12). De esta forma se puede analizar en qué zonas de la portería lanza cada jugador y en qué zonas obtiene mayor eficacia.

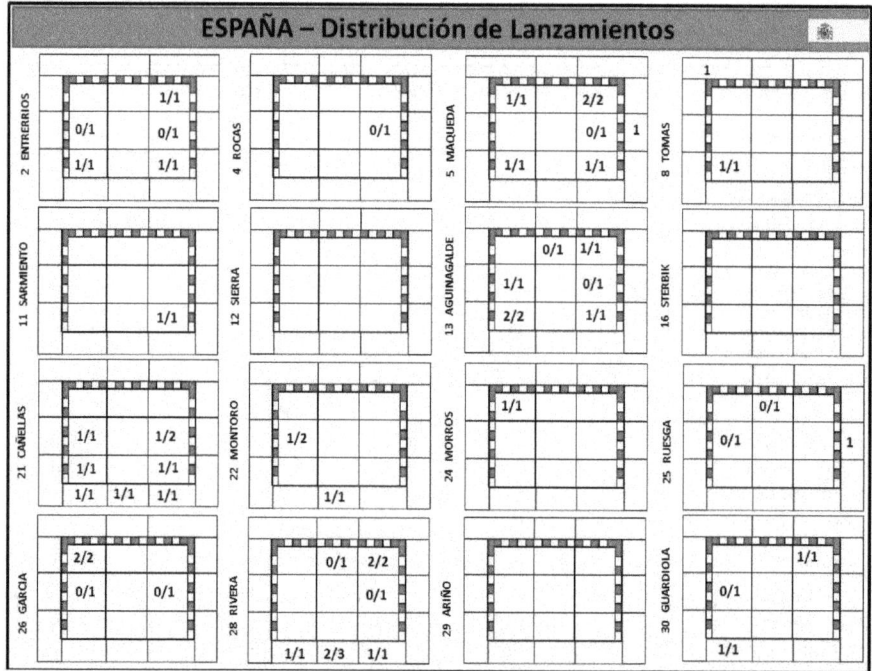

Figura 10.12. *Distribución de los lanzamientos según la localización de los jugadores de España.*

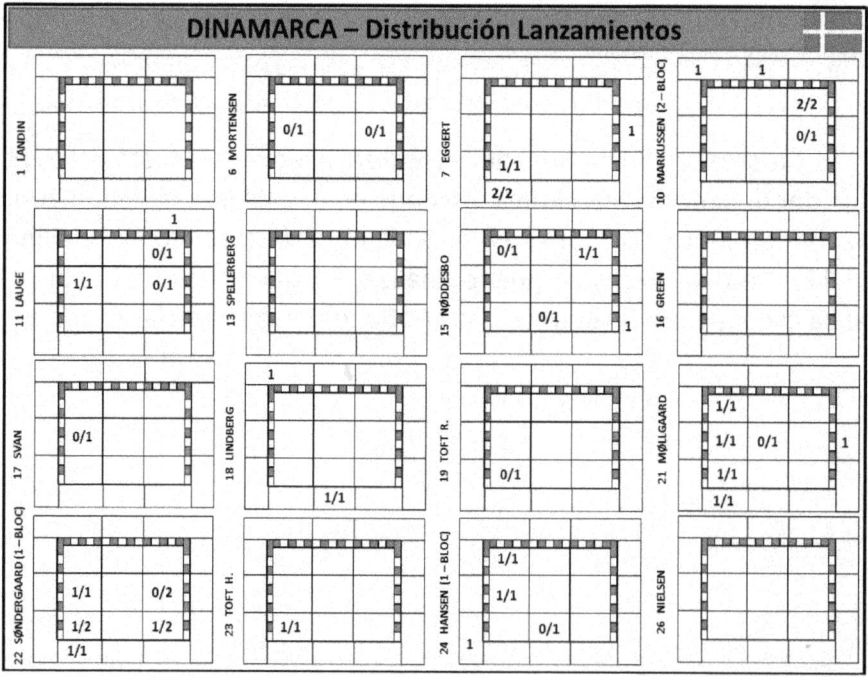

Figura 11.12. *Distribución de los lanzamientos según la localización de los jugadores de Dinamarca.*

En el análisis individual por jugador se realiza una comparativa de dos de los jugadores más activos durante el encuentro (Figura 12.12). En la parte superior de la pantalla aparecen las acciones ofensivas y defensivas de cada jugador y el porcentaje de cada acción. En la parte central de la pantalla aparece el campo de juego con la relación goles/lanzamientos y la eficacia de lanzamiento por zonas. También se presenta el Índice de Finalización Ofensivo (I.F.O.) de cada zona. Finalmente, en la parte inferior se detalla el resultado en los lanzamientos, el grado de oposición, y la localización. Se presentan también los índices de rendimiento individual: Índice de Participación (I.P.) e Índice de Valoración (I.V.). El jugador español supera en todos los índices de rendimiento individuales al jugador danés, excepto en el Índice de Valoración Total (I.V.T.), ya que el jugador de la selección de Dinamarca realiza más acciones positivas que acciones negativas en relación al jugador español, por este motivo *Søndergaard* supera en un 5% a *Maqueda* en la valoración total.

Nota: GFR = Golpe Franco Recibido; 7 MR = 7 Metros Recibido; Sanciones R. = Sanciones Recibidas; SOD = Superado por Oponente Directo; GFC = Golpe Franco Cometido; 7 MC = 7 Metros Cometido; Sanciones C. = Sanciones Cometidas; LCO = Lanzamiento Con Oposición; LSO = Lanzamiento Sin Oposición.

Figura 12.12. *Comparativa de jugadores de ambas selecciones.*

De la misma manera se realiza un análisis comparativo de las acciones de los porteros de ambas selecciones (Figura 13.12). Aparece la relación de goles y lanzamientos por zonas del campo, y el grado de oposición de los lanzamientos. De todos ellos se muestran los porcentajes de efectividad del portero en función de las zonas del campo, la relación de goles/lanzamientos en función de las zonas de localización, y la efectividad en función del grado de oposición.

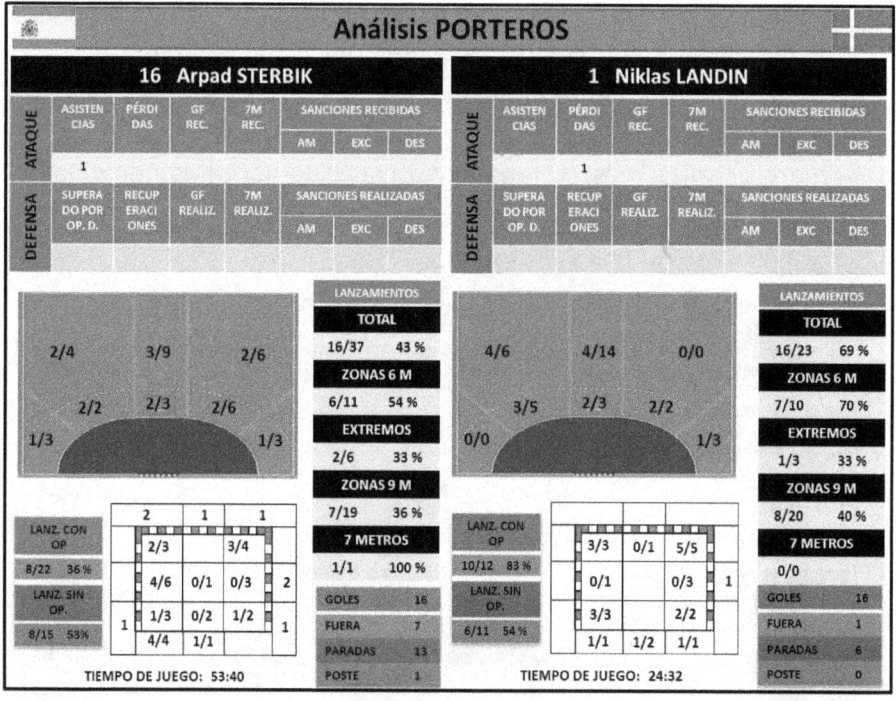

Nota: GFR = Golpe Franco Recibido; 7 MR = 7 Metros Recibido; AM = Amonestación; EXC = Exclusión; DES = Descalificación; SOD = Superado por Oponente Directo; GFR = Golpe Franco Realizado; 7 MR = 7 Metros Realizado.

Figura 13.12. *Comparativa de porteros de ambas selecciones.*

3. ANÁLISIS DEL COMPORTAMIENTO COLECTIVO EN FASE OFENSIVA Y DEFENSIVA EN FUNCIÓN DE LAS VARIABLES DE SITUACIONALES Y TEMPORALES.

A continuación, se presenta un análisis de las situaciones de juego ofensivo realizando una comparativa entre la selección española y la selección danesa. Se realiza una clasificación de los ataques en función del marco situacional, de la duración, y del número de interrupciones (Figura 14.12). En la clasificación de ataques por marco situacional, se presenta el número de ataques en cada marco, el tiempo de juego efectivo en cada marco (tiempo en el que el balón está en juego), y el número de goles.

Situaciones de Juego

DATOS OFENSIVOS - ESPAÑA						DATOS OFENSIVOS - DINAMARCA				
ATAQUES	Nº	Tiempo	Goles	Eficacia*	Posesión	ATAQUES	Nº	Tiempo	Goles	Eficacia*	Posesión
IGUALDAD	50	25:43	27	54 %	84.92 %	IGUALDAD	52	22:01	15	28 %	88.01 %
IGUALDAD 5x5	1	00:36	1	100 %	1.98 %	IGUALDAD 5x5	2	00:42	1	50 %	2.8 %
INFERIORIDAD	8	03:42	5	62 %	12.22 %	INFERIORIDAD	4	00:58	2	50 %	3.86 %
SUPERIORIDAD	4	00:52	2	50 %	2.86 %	SUPERIORIDAD	7	01:20	1	14 %	5.33 %
AVISO DE JUEGO PASIVO*	5	00:36	3	60 %	1.98 %	AVISO DE JUEGO PASIVO*	6	1:42	-	33 %	6.8 %
TOTAL	63	30:17	35	55 %	54.76 %	TOTAL	65	25:01	19	29 %	45.24 %

DURACIÓN ATAQUES	Número	Tiempo	Goles	Eficacia*	DURACIÓN ATAQUES	Número	Tiempo	Goles	Eficacia*
RÁPIDOS (de 0 a 10'')	12	01:30	8	66 %	RÁPIDOS (de 0 a 10'')	16	02:00	6	37 %
CORTOS (de 11 a 25'')	13	04:39	4	30 %	CORTOS (de 11 a 25'')	20	05:17	4	20 %
MEDIOS (de 26 a 50'')	31	16:55	17	54 %	MEDIOS (de 26 a 50'')	25	13:58	6	24 %
LARGOS (+ de 51'')	7	06:47	6	85 %	LARGOS (+ de 51'')	4	03:46	3	75 %

INTERRUPCIÓN ATAQUES	Número	Tiempo	Goles	Eficacia*	INTERRUPCIÓN ATAQUES	Número	Tiempo	Goles	Eficacia*
CONTINUOS	51	19:22	26	50 %	CONTINUOS	53	16:45	12	22 %
INTERRUMPIDOS 1 VEZ	8	06:32	6	75 %	INTERRUMPIDOS 1 VEZ	9	05:34	6	66 %
INTERRUMPIDOS + DE 1 VEZ	4	03:57	3	75 %	INTERRUMPIDOS + DE 1 VEZ	3	02:42	1	33 %

(*) Los ataques en aviso de juego pasivo se combinan con el resto de los marcos situacionales del juego.

Figura 14.12. *Situaciones de juego ofensivas a nivel situacional y temporal.*

La segunda clasificación es en función de la duración de los ataques, estableciendo cuatro tipos de ataques (rápidos, cortos, medios y largos). Se presenta el número de ataques realizados, el tiempo de juego efectivo y el número de goles en cada uno de los ataques. El tipo de ataque medio con una duración entre 26 y 50 segundos es el que más se repite y en el cual cada selección está atacando durante más tiempo.

La tercera clasificación es en función del número de interrupciones durante los ataques (golpes francos o fueras de banda) estableciendo los ataques continuos, los ataques interrumpidos una vez y los ataques interrumpidos más de una vez. En este caso, el mayor número de ataques que se dan son continuos.

De la misma forma se presenta un análisis de las situaciones de juego defensivo realizando una comparativa entre la selección española y la selección danesa. Se realiza una clasificación de las defensas en función del marco situacional, de la duración, y del número de interrupciones (Figura 15.12). En la clasificación de defensas por marco situacional, se presenta el número de defensas en cada marco, el tiempo de juego efectivo en cada marco, y el número de goles encajados en cada defensa.

Se presenta el número de defensas realizadas, el tiempo de juego efectivo y el número de goles encajados en cada defensa. En cuanto a la duración de las defensas, las defensas medias con una duración entre 26 y 50 segundos son las que más se repiten.

Por último, en función del número de interrupciones, el mayor número de defensas son continuas para ambas selecciones.

El recuento total de variables de acción de equipo en la fase ofensiva aparece en la Figura 6.2. La herramienta ofrece una comparativa de las acciones individuales acumuladas a lo largo del partido de ambas selecciones. En total presenta el número de asistencias (tanto finalizadas en gol como no finalizadas en gol), los golpes francos recibidos, los 7 metros recibidos, las sanciones recibidas (amonestaciones, exclusiones y descalificaciones) y las pérdidas. Se registran todas las pérdidas realizadas por ambos equipos y se clasifican en pérdidas no forzadas, si es como consecuencia de errores técnicos; y pérdidas forzadas, si es como consecuencia de interceptaciones o robos de balón del equipo contrario. De la misma forma se registra si la pérdida es por una falta en ataque, por pasos, dobles, invasión de área, pie, juego pasivo o por un lanzamiento blocado. En el total de pérdidas Dinamarca obtiene nueve más que España.

Situaciones de Juego

DATOS DEFENSIVOS - ESPAÑA

DEFENSAS	Número	Tiempo	Goles
TOTAL	65	25:01	19
IGUALDAD	52	22:01	15
IGUALDAD 5x5	2	00:42	1
INFERIORIDAD	4	00:58	2
DOBLE INFERIORIDAD	-	-	-
SUPERIORIDAD	7	01:20	1
DOBLE SUPERIORIDAD	-	-	-
AVISO DE JUEGO PASIVO (*)	6	1:42	-

DURACIÓN DEFENSAS	Número	Tiempo	Goles
RÁPIDAS (de 0 a 10")	16	02:00	6
CORTAS (de 11 a 25")	20	05:17	4
MEDIAS (de 26 a 50")	25	13:58	6
LARGAS (+ de 51")	4	03:46	3

INTERRUPCIÓN DEFENSAS	Número	Tiempo	Goles
CONTINUAS	53	16:45	12
INTERRUMPIDAS 1 VEZ	9	05:34	6
INTERRUMPIDAS + DE 1 VEZ	3	02:42	1

DATOS DEFENSIVOS - DINAMARCA

DEFENSAS	Número	Tiempo	Goles
TOTAL	63	30:17	35
IGUALDAD	50	25:43	27
IGUALDAD 5x5	1	00:36	1
INFERIORIDAD	8	03:42	5
DOBLE INFERIORIDAD	-	-	-
SUPERIORIDAD	4	00:52	2
DOBLE SUPERIORIDAD	-	-	-
AVISO DE JUEGO PASIVO (*)	5	00:36	3

DURACIÓN DEFENSAS	Número	Tiempo	Goles
RÁPIDAS (de 0 a 10")	12	01:30	8
CORTAS (de 11 a 25")	13	04:39	4
MEDIAS (de 26 a 50")	31	16:55	17
LARGAS (+ de 51")	7	06:47	6

INTERRUPCIÓN DEFENSAS	Número	Tiempo	Goles
CONTINUAS	51	19:22	26
INTERRUMPIDAS 1 VEZ	8	06:32	6
INTERRUMPIDAS + DE 1 VEZ	4	03:57	3

(*) Los ataques en aviso de juego pasivo se combinan con el resto de los marcos situacionales del juego.

Figura 15.12. *Situaciones de juego defensivas a nivel situacional y temporal.*

LOS ÍNDICES DE RENDIMIENTO
EN EL BALONMANO ACTUAL

El uso de los índices de rendimiento permite crear el perfil de un equipo y su tipología de juego. El análisis de la eficacia ofensiva y defensiva ayuda a establecer modelos de juego que sirven para mejorar el rendimiento de los equipos en cada una de las fases de juego.

El documento está diseñado para ser una guía útil para entrenadores, técnicos, jugadores y amantes del balonmano. Los contenidos servirán para poner en práctica un análisis pormenorizado de todas las situaciones y acciones de juego durante un partido.

Dirigido a todos los profesionales del sector deportivo, de las ciencias del deporte, del rendimiento deportivo, del entrenamiento físico y de la educación física. El objetivo principal del libro es profundizar en el análisis del juego del balonmano y ofrecer herramientas para el estudio del rendimiento de este deporte.

Iván González García es Diplomado en Educación Física por la Universidad de León (1998-2002), Licenciado en Ciencias de la Actividad Física y del Deporte por la Universidad de A Coruña (2004-2007) y Doctor en Actividad Física, Deporte y Salud por la Universidad de Vigo (2011-2015).

Entrenador Nacional de Balonmano por la Real Federación Española de Balonmano (2007-2008).

Investigación en análisis del comportamiento competitivo, análisis del rendimiento deportivo en deportes colectivos y especialista en análisis del juego en balonmano.

www.ingramcontent.com/pod-product-compliance
Lightning Source LLC
Chambersburg PA
CBHW081129170426
43197CB00017B/2799